MIJN GELIEFDE BOEKHANDEL

Petra Hartlieb

Mijn geliefde boekhandel

CACTUSBOOKS

www.cactusbooks.nl
info@cactusbooks.nl

Oorspronkelijke uitgave:
Petra Hartlieb, *Meine wundervolle Buchhandlung*

Vertaling Linda Jansen (www.creativitekst.nl)
Omslagillustratie Martin Haake, Berlijn
Vormgeving Bureau Garage, Kampen
Productie Quality Dots, Zeewolde

ISBN 978 94 925 0404 3
ISBN 978 94 925 0405 0 (e-book)
NUR 402

Voor mijn man Oliver, het kleine kind en het grote kind,
het blonde kind en haar broer.

Met dank aan iedereen die er mede voor gezorgd heeft
dat onze boekhandel er gekomen is.

Wij hebben een boekhandel gekocht. In Wenen. We hebben een mail gestuurd met een getal, een bod, een bedrag dat we helemaal niet hadden en na een paar weken kwam de reactie: 'U hebt een boekhandel gekocht!' Zoiets gebeurt alleen als je je laat gaan op eBay en meer biedt dan je eigenlijk van plan was, omdat je kind dat Harry Potter lego zo afgrijselijk graag wil. Ten einde raad tik je dat getal maar in en verdorie, niemand, maar dan ook niemand biedt meer. Zo hebben wij een bod gedaan op een boekhandel in een stad waar we niet wonen met geld dat we niet hebben. En dat bod is geaccepteerd. En nu? Nu moeten we er iets mee.

Dit betekent in de praktijk dat Oliver zijn goede, uitstekend betaalde baan bij een Duitse uitgeverij opzegt. Ik neem afscheid van mijn plan om literatuurrecensent te worden, lever mijn studiopas in en zeg tegen de meiden van het hippe flexplekkenkantoor in het Hamburgse Schanzenviertel dat ze een andere huurder moeten zoeken. We vertellen onze zoon – Noord-Duits tot op het bot en voor het eerst verliefd – dat we naar Wenen gaan verhuizen. We bellen de vriend met de erfenis en vragen of zijn aanbod ons een aanzienlijk bedrag te lenen nog geldt. We bellen onze vrienden in Wenen en vragen of hun aanbod dat we tijdelijk bij hen in mogen trekken nog staat.

Het begon allemaal zo onschuldig. De regenzomer in Hamburg werkte ons zo op de zenuwen dat we twee weken bij vrienden in Wenen gingen zitten. Beetje luieren in de tuin, af en toe een duik in het zwembad, terrasje pikken, bierproeverijtje, vrienden opzoeken; zo ongeveer.

Een dinertje met een bevriende accountmanager van een uitgeverij zette alles op zijn kop. Kletspraatjes over het vak, o wat zonde dat jullie niet in Wenen wonen en moet je horen, pas heeft een intiem boekwinkeltje op prima locatie met veel vaste klanten zijn deuren gesloten.

Een paar witte wijntjes later staat het als een paal boven water: een ouderwetse boekhandel die een paar dagen geleden domweg dicht bleef, wordt onze toekomst. Althans in theorie. Zo'n boekhandeltje in Wenen, dat zou wat zijn, en hoe later op de avond, hoe logischer het idee: dit is onze boekhandel!

Bij het wakker worden staat de euforie van de vorige avond ons nog vaag voor de geest en daarom gaan we na het ontbijt niet naar het zwembad.

Gewoon even kijken, geheel vrijblijvend. En inderdaad: een boekwinkel met bruine etalageruiten in de stijl van de jaren zeventig, uitpuilende vitrinekasten achter de smoezelige ramen, binnen is het pikdonker en er hangt een handgeschreven briefje op de deur: *Met ingang van 1 augustus is de boekhandel gesloten. Wij danken al onze trouwe klanten voor hun jarenlange klandizie.*

‘Het is maar gekheid, maar je zou toch even kunnen uitzoeken wat er aan de hand is en wie de eigenaars zijn?’ Oliver weet bij mij altijd precies het juiste knopje in te drukken. Hij is nog niet uitgesproken of ik hang al aan de telefoon met iedereen in de branche die niet op vakantie is.

Het was een traditionele boekhandel, althans in de jaren zeventig en tachtig. De laatste tijd had een van de zoons de zaak in handen, maar niemand weet precies hoe het zit. Natuurlijk lukt het me om de eigenaar te pakken te krijgen en even later staat er een afspraak voor over twee dagen. Geheel vrijblijvend. Gekheid natuurlijk. Maar kijken kost niets. Dan staan we in een donkere vierkante ruimte van veertig vierkante meter, boekenplanken tot aan het plafond, een groezelige kunststof vloer, smalle draaizuilen vol boeken, flikkerende neonverlichting... en het staat ons aan. Natuurlijk vinden we het ook afgrijselijk, maar ergens voelt het goed. Achter in de ruimte kronkelt een gietijzeren wenteltrap omhoog naar een appartement, dat zich over de gehele oppervlakte van de benedenverdieping uitstrekt. Appartement is eigenlijk een te groot woord. ‘Het object wordt alleen in zijn geheel verhuurd’, zegt de eigenaar. Ik zeg: ‘Dank u, we hebben geen interesse’ en Oliver zegt niets, maar loopt met grote passen en glanzende ogen van het ene eind van de kamer naar het andere. Een bergruimte met kastjes voor het personeel, een grote tafel, kartonnen dozen, een brievenweger, een frankeermachine, een grote kantoorruimte met twee oude schrijftafels die na een flinke opknapbeurt voor vintage kunnen doorgaan, een reproruimte, een donkere kamer en daarachter nog een paar kleine vertrekjes die tot de nok toe zijn volgestouwd met boeken, pakpapier en decoratiemateriaal met de trends van ettelijke decennia. Een verbleekte kunstkerstboom steekt grotesk tussen een paar stapels karton en oude boeken door. 'Leuk huis', hoor ik mijn man mompelen, terwijl hij naar het behang met patronen die mij bekend voorkomen uit mijn kindertijd kijkt. Een walhalla voor de doe-het-zelver. Ik zeg niets terug.

Terug in het schelle zonlicht op de stoep voor de winkel lijkt het een waanzinnige droom. Het blijft even stil.

'En?', vraagt mijn man.

'Wat en?'

'Hoe vind je het?'

'Afschuwelijk. En jij?'

'Ik ook.'

'Nou dan.'

...

'Maar er is wel wat van te maken.'

'Misschien, maar die woning is echt helemaal niets.'

'Hoezo, daar zit een fantastisch, megagroot appartement in! In die bergruimte komt de keuken, in het kantoor de eetkamer en die reproruimte wordt een kleine televisiekamer. Van die doka kun je een badkamer maken en dan heb je die kleine ruimtes nog waar we slaapkamers voor onszelf en de kinderen van kunnen maken.'

'Je bent gek.'

'Altijd geweest.'

Dan is het gedaan met de vakantierust en relaxen op

de schommelbank. Konden we niet... zouden we misschien... stel dat... Onze Weense vrienden maken het ons niet makkelijker met hun aanbod dat we wel bij hen in kunnen tot we zelf onderdak hebben. Zomaar. En dan is er ook nog die oude vriend, een ex van mij om precies te zijn, die van zijn erfenis leeft en ons bijna tussen neus en lippen door een renteloze lening heeft aangeboden. Ook zomaar.
De hele kwestie doet mij denken aan zo'n berucht en hopeloos Escher-motief. Je kijkt ernaar en je bent zeker van het beeld dat je erin ziet. Een maand later kijk je nog eens en dan zie je precies het tegenovergestelde. Waarom iets veranderen in mijn leven? Ik heb het geluk de beste man van de wereld te hebben getroffen. In een hippe stad te wonen. In een stijlvol, historisch pand in de buurt van de Universiteit Hamburg. Met allervriendelijkste buren. Voor de jongste hebben we een felbegeerde volledige dagopvangplaats kunnen bemachtigen en de oudste zit op een uitstekende school, waar hij hyperactief is. Ik heb een uitdagende parttimebaan, ik heb tijd voor de kinderen en voel desondanks voor het eerst van mijn leven dat ik financieel op rozen zit. En Oliver? Die heeft zich van een boekhandelaartje in een Duits provinciestadje opgewerkt tot de zogenoemde marketingmanager van een van de meest vooraanstaande uitgeverijen van Duitsland. Hij doet zijn werk met plezier, zijn leidinggevende stimuleert en steunt hem, wij hebben werkelijk niets te klagen. Doen we ook niet. Maar... Hoe zou het zijn als we samen iets zouden aanpakken? Met zijn tweeën iets gin-

gen opbouwen, gingen samenwerken? Een gok nemen? We rekenen, discussiëren en telefoneren. In een achtbaan. Het ene moment vinden we het een magistraal idee. Een uur later wijzen we naar ons hoofd. Onuitvoerbaar. De kans van ons leven. De flater van ons leven.

Hoe reken je uit hoeveel boeken je moet verkopen om er met vier personen van te kunnen leven? Ik hoor van iemand over een vertegenwoordiger die lang geleden een paar jaar bij deze boekhandel heeft gewerkt. Ik bel hem op. Hij kan het zich allemaal nog vaag herinneren. 'Vertel eens, Günther, hoeveel omzet draaiden jullie ongeveer?'

'Mensenkinderen, dat is meer dan vijfentwintig jaar geleden! Geen flauw idee.'

'Alsjeblieft, probeer het je te herinneren. Het is belangrijk!'

'Tsja, ik weet nog wel... als we in het kerstseizoen 100.000 schilling per dag hadden verdiend, trok de chef een fles champagne open.'

Nu hebben we tenminste wat. Een cijfer. Van een dagomzet. Van vijfentwintig jaar geleden. In een andere valuta. En dat is de basis waarop we nu de waarschijnlijke jaaromzet uitrekenen. Dubieus? Hoezo?

Je hebt ruimschoots de jaren des onderscheids bereikt. Je bent jaren geleden het huis uitgegaan. Je woont zelfstandig in een eigen woning. Je bent getrouwd en hebt twee kinderen. Niettemin geven je ouders hun mening over jouw leven en voelt het nog steeds alsof je met een slecht

rapport of een doldwaas vakantieplan voor hen staat. En ze reageren precies zoals je had verwacht: met ontzetting en onbegrip.
Mijn vader, een voormalig topmanager in de sector bedrijfssaneringen, slingert met vaardige hand een paar cijfers op het bierviltje op de keukentafel en schudt zijn hoofd. 'Dat kan nooit uit! Jullie zijn crazy, zoiets kun je echt niet riskeren. Denk aan de toekomst van jullie kinderen!'
Op dezelfde uitgesproken wijze waarop hij mij jaren geleden afraadde voor de liefde naar Hamburg te verhuizen en me helemaal aan iemand uit te leveren, waarschuwt hij nu de man in kwestie dat hij beslist niet de zekerheid van een goede baan moet opgeven voor zo'n waanzinnig waagstuk als een eigen onderneming.
Een microscopisch klein beetje hoop dat hij wat geld op tafel zou leggen door een stukje van de erfenis vooruit te schenken gaat in rook op. Hij komt niet op dat idee, en de tijd dat ik bij hem om geld bedelde ligt ver achter me.

Terug in Hamburg is alles ver weg. We weten inmiddels dat een paar andere Weense boekwinkels ook in de race zijn en ach, er is toch ook helemaal niets mis met Hamburg? Met voldoende Grüner Veltliner en croutons trekken we het na een paar weken wel weer in de miezerregen, zoonlief pubert lustig een eind weg, dochterlief vermaakt zich opperbest op de stoere kindercrèche, Oliver hijst zich elke ochtend in het pak en maakt carrière, en ik schrijf het ene artikel na het andere, interview te hooi en te gras een

beroemde auteur en leer hoe je radiobijdragen in elkaar knutselt. 's Middags naar kinderturnles of het koffiekransje in het Hamburgse Schanzenviertel. En de Noord- of Oostzeekust is altijd dichtbij. Niets aan de hand dus.
Ware het niet dat onze kennis uit Wenen langskomt. Een mediavrouw die een paar journalisten uit Hamburg op haar bezoeklijstje heeft en 's avonds bij ons aan de keukentafel zit bij te komen. Ons 'vakantieverhaal' wordt herkauwd, er gaan foto's rond, er worden plannen toegelicht. We weten inmiddels dat de boekhandel in een faillissementstraject zit en dat eventuele biedingen door een curator verzameld worden.
'Hebben jullie nog een bod gedaan?'
'Nee, dat hebben we niet.'
'Waarom niet?'
'Er komt veel te veel bij kijken. Bovendien maken we geen schijn van kans.'
'Jullie zijn net kinderen die mens-erger-je-niet spelen. Eerst meedoen en vlak voor het eind, als de anderen beter zijn, het spel van tafel vegen. Lafaards!'
Als ze weggaat is het al laat en is onze voorraad Weense wijn meer dan gehalveerd. 'Laten we een bod doen', zegt mijn man, en ik klap mijn laptop open. We typen drie zinnen en noemen een bedrag dat strikt genomen niet geheel en al onmogelijk bij elkaar te scharrelen is.
'Wij doen een bod op het object met nummer 45 896. Onze bieding is met inbegrip van 80 meter stellingen, 120 strekkende meter boeken, een kasregister, diverse winkelinrichtingsitems en een bestelwagen merk Citroen C15,

bouwjaar 1996. Ons bod is geldig tot en met 30 september.' Die datum, daar is over nagedacht. Als je een boekhandel opent heb je snel feestdagen nodig om veel te verdienen. Wij zijn misschien naïef, maar niet dom.

Weer veel te veel tijd aan een productie besteed. Weer een veel te uitgebreid interview gedaan. Maar hij was ook zo aardig, die Berlijnse Rus met zijn hemelsblauwe ogen. Zoals wel vaker gebeurt was ik in smalltalk verzand en had ik in plaats van vijf kernachtige zinnen een wolk van kletspraat op de band waaruit ik een bijdrage van vier minuten moet destilleren. Ik heb nog een uur voor ik bij de Kindergarten moet staan, dus ik kan snel nog even langs huis om de mail te checken. Misschien dat de Oostenrijkse radio-omroep toch nog mijn bijdrage over de goedkope boekenseries van de grote Duitse kranten wil kopen. Dan heeft mijn gesprek met die arrogante uitgever van de broadsheet krant toch zin gehad.

Ik doe niet eens mijn schoenen uit, maak een espresso en zet de pc aan. Geen mail van de ORF helaas. Wel een ander bericht uit Oostenrijk. Van een notaris. ‘Geachte mevrouw Hartlieb. U hebt de gunning van object nummer 45 896, derhalve de failliete boedel van de firma XY verkregen. Wij verzoeken u vriendelijk u op 15 oktober op het adres van bovengenoemd object te vervoegen en het bedrag van 40.000 euro in contanten bij u te hebben.’

Zo voelt dat dus, een zenuwinzinking. Ik probeer mijn man op zijn kantoor te bereiken.
'Cornelia Maier, goedemiddag.'
'Hallo, met Petra. Ik wil graag mijn man even aan de lijn.'
'Hij is in bespreking met de directie.'
'Het is belangrijk. Verbind me alsjeblieft door.' Ik heb hem nog nooit uit een meeting gehaald. Zelfs toen zijn kind geboren was, wachtte ik geduldig tot hij terugbelde. Ik werd doorverbonden. 'Je moet meteen komen. We hebben die boekhandel gekocht. Shit, we hebben een boekhandel gekocht.'

Die avond hebben we onze beste vrienden op bezoek. Zij is Weense, hij Duitser. Ze stralen om het hardst. Ze hebben een nieuwtje. Nou, wij ook. Beide partijen hebben moeite ertussen te komen. Ik geloof nog niet dat het echt waar is. We hebben tenslotte nooit een bevestiging van ons bod gekregen, we hebben geen aangetekende brief gestuurd, we hebben niets ondertekend. Alleen een mailtje. Dat kan toch niet bindend zijn.
'Dat is het wel.' De vader van mijn vriendin, een gepensioneerde rechter in Wenen, dreunt door de telefoon mijn laatste hoop de bodem in. 'Jullie hebben een bod gedaan en dat is geaccepteerd. Jullie moeten nu dus betalen. Je kunt het daarna altijd weer verkopen.'
Bedankt, doen we.
Oliver faxt nog dezelfde avond zijn ontslagbrief naar de uitgeverij. Dat doen we bewust, met het oog op het datumstempeltje op het faxbericht. Het is al bijna middernacht

als onze vrienden vertellen dat ze in verwachting zijn. Ook leuk.
Oliver staat de volgende ochtend om zes uur op en trekt zwijgend zijn beste pak aan. Met stropdas. Hij wil als eerste op kantoor arriveren om zijn ontslagbrief van de fax te vissen voor iemand anders hem ziet. Het is een bijzondere dag op de uitgeverij. De baas heeft er dertig dienstjaren opzitten en dat wordt gevierd met feestelijke toespraken, een buffet, champagne. Mijn man is er niet zo bij, wacht de hele tijd op het juiste moment om zijn ontslagbrief te overhandigen. Als alle toespraken ten slotte klaar zijn, de concerntop is vertrokken en iedereen aan opstappen denkt, glipt hij het kantoor van de bestuursvoorzitter binnen.
'Ik heb nog iets met u te bespreken.'
'Neemt u ontslag?'
'Hoe weet u dat?'
'Wat zou u op zo'n dag anders met mij willen bespreken?'
'U hebt gelijk.'
'Wie heeft u een aanbod gedaan? Kan ik u op de een of andere manier overhalen te blijven?'
'Nee, dat kunt u niet. En er is ook geen sprake van een aanbod. Ik heb samen met mijn vrouw een boekhandel in Wenen gekocht.'
'Dat is volkomen idioot.'
'Ja, ik weet het.'
'Geef een seintje als ik u kan helpen.'

Na een slapeloze nacht bereiden we ons voor op de volgende stap. Hoe vertellen we het aan de kinderen? De jongste

is geen probleem. Die kent Wenen van de vakantie, een geslaagde combi van een relaxte papa en mama, schnitzels, gezellige middagjes bij vrienden in de tuin, bezoekjes aan het zwembad en de dierentuin. We geven hoog op over het heerlijke ijs in Wenen, het mooiere weer, dat we binnenkort in een boekwinkel zullen wonen waar elk stripboek dat ze leuk vindt zo voor de grijp ligt. En natuurlijk alle cassettes van *Conni* die ze nog niet heeft.
De zoon van zestien is met dat soort vooruitzichten helaas niet te paaien. Hij is Hamburger tot in zijn tenen. Zijn leven is samen te vatten in Schanzenviertel, het Elbestrand en FC St. Pauli. Wenen kent hij alleen nog met het perspectief van een achtjarige en de stad is daarin ronduit *uncool*. Hij is vrijwillig en maar al te graag met mij van Wenen naar Hamburg verhuisd. Moeten wij hem nu dwingen om terug te gaan? In het begin gaat hij het contact uit de weg, hij zwijgt, is vertwijfeld. Waarschijnlijk is hij ook net verliefd en is vertrekken simpelweg uitgesloten. Ik kan mij nog zo goed herinneren hoe het is om zestien te zijn. Niets ter wereld is zo belangrijk als je vrienden. Ouders zijn een noodzakelijk kwaad, slechts handig omdat ze huisvesting, geld en eten te bieden hebben. Verhuizen, een no-go. Ik heb ongelooflijk met hem te doen. Oliver heeft een opzegtermijn van een halfjaar. Voor die tijd vinden we vast wel een oplossing.
Nu hebben we ineens een boekhandel. En wanneer verkoop je de meeste boeken? Precies. Rond de kerst. Het is nu begin oktober, dus het zou mooi zijn als je in november je deuren kon openen. Dan moeten er nog wel een paar kleinigheden geregeld worden. Bijvoorbeeld naar Wenen

met de koopsom, die we nog moeten lenen. Huurcontracten voor winkel en woning uitonderhandelen, een bank zoeken die ons zonder al te veel vragen te stellen krediet geeft op de failliete inboedel, dagopvang voor de dochter organiseren, een school voor de zoon, een bedrijfsvergunning bemachtigen, de oude winkel leegruimen die bomvol staat met boeken, kantoorspul, decoratie- en verpakkingsmateriaal, kozijnen schilderen, elektriciteit aanleggen, een logo ontwerpen, de kunststof vloer eruit slopen en... en... en... Zoals gezegd, het is pas de tweede week van oktober, dus op 4 november open dan maar? Moet kunnen, en over die verhuizing naar Wenen buigen we ons later wel, want we hebben toch nog geen huis.

Hoe praktisch dat in oktober de Frankfurter Buchmesse wordt gehouden en wij daar sowieso naartoe moeten. Terwijl Oliver verantwoordelijk is voor het opbouwen van de stand van – nu nog – zijn werkgever en dus rondrent als een kip zonder kop, stort ik me op onze toekomst. Ik moet nog een paar interviews afnemen en tussendoor spreek ik allerlei mensen die je hard nodigt hebt als je zojuist een boekhandel hebt gekocht: distributiechefs van leveringen naar Oostenrijk en Duitsland, brancheleiders, managers van belangrijke uitgeverijen, collega's, et cetera. Waar komt dat gevoel vandaan dat de meeste gesprekspartners alleen maar met een meewarige glimlach opmerken: 'Het getuigt van moed om aan zoiets te beginnen, maar het kan gaan werken.' Hartelijk dank. Het *moet* gaan werken. We hebben geen keus.

Oliver en ik krijgen tussen de bedrijven door allerlei invallen die we elkaar tijdens onze korte ontmoetingen in de wandelgangen van de boekenbeurs toefluisteren: 'Misschien hebben we een advocaat nodig bij de ondertekening van het contract? Kennen we iemand die ons een bank kan adviseren?' De mobiele telefonierekening valt waarschijnlijk hoger uit dan de dagomzet, maar ja, we moeten wat. Mijn grote troef is een mediakaart, waarmee je het perscentrum van de Buchmesse binnenkomt. Daar zitten alle collega's hun belangrijke bijdragen over de beurs te typen. Maar ik ben op zoek naar het telefoonnummer van een advocaat die mij een aantal jaar geleden bij een arbeidsconflict vertegenwoordigd heeft. Iemand anders ken ik niet. Ik bel mijn enige vriendin die ingangen heeft bij banken en het bedrijfsleven. Zij weet vast iemand die ons een krediet wil verschaffen. 'Ik ken iemand die iemand kent die iemand kent' is in Oostenrijk nog steeds de aangewezen gang van zaken. Ik zou nooit op het idee komen koud een bank op te bellen.

Een vast onderdeel van de Buchmesse is de bekendmaking van de winnaar van de Nobelprijs voor de Literatuur. Tot mijn schrik wordt deze uitgerekend dit jaar aan Elfriede Jelinek toegekend. Mijn bank-advocaat-bedrijfslevengesprekken worden abrupt onderbroken door een telefoontje van het afdelingshoofd onder wie ik bij de omroep ressorteer. 'Jij moet een bijdrage maken, je bent de enige Oostenrijkse daar.' Alsof ik daardoor beter in staat ben spontaan een radiobijdrage over Jelinek uit mijn mouw te schudden! Snel een paar livegeluiden bij elkaar sprokkelen, een paar mensen opsnorren die iets over deze niet bijster geliefde landgenoot te zeggen hebben, en o ja, gelukkig heb ik ooit een paar boeken van haar gelezen.

En dan is de Buchmesse voorbij. Oliver houdt toezicht op het ontmantelen van de stand, ik pak de koffers en kort voor middernacht draaien we de Autobahn richting Wenen op. In de kofferbak het verzameld werk van de kersverse Nobelprijswinnares en een levensgrote poster met de kop *Nobelprijs Literatuur*; toch handig dat haar werk bij Olivers werkgever verschijnt. Aan onze boekhandel de twijfelachtige eer als eerste met een Jelinek-etalage te komen. We zullen er niet uitsluitend vrienden mee maken.

We moeten de volgende ochtend al vroeg in Wenen zijn voor een afspraak met een bank, waar we vanuit Frankfurt een indrukwekkend businessplan naartoe hebben gefaxt. Dat moet genoeg zijn, zeggen ze in Oostenrijk.
Om zes uur vallen we bij onze vrienden binnen. Oliver knapt een uiltje van een uur, we nemen een douche, vermommen ons in kostuum en mantelpakje en klokslag half negen zitten we met dikke ogen en een snelhechter met mat schutblad tegenover een koppel plechtige bankemployees, die eruitzien alsof ze rechtstreeks door het krediet- en investeringsfonds zijn afgevaardigd om over onze toekomst te beslissen. Een print van het businessplan van onze toekomstige firma ligt voor hen op tafel en we hopen

nadrukkelijk dat deze beambten nog niet hebben meegekregen dat de boekenbranche al vele jaren, om niet te zeggen decennialang, een ten dode opgeschreven sector is. Ze bladeren enthousiast heen en weer tussen de spreadsheets en cirkeldiagrammen met cijfers over de demografische ontwikkeling in de regio, geschatte inkomensverhoudingen, concurrerende ondernemingen, verwachte omzet over tien jaar, enzovoort, enzovoort. Aan alles is gedacht, laat dat maar aan mijn man over. Ik schenk mijn derde kop lauwe filterkoffie in om de door mijn hoofd tollende begrippen als mkb-krediet, bruto-opbrengst en contributiemarge weg te spoelen als mijn telefoon gaat. Ik ben meteen wakker. Onze advocaat. Ik maak een gebaar naar de aanwezigen dat het dringend is en sta op van de vergadertafel. Ik ben helaas nog niet buiten als er een stem uit de luidspreker galmt: 'Wat een schoft! Dat huurcontract voor die woning gaan we zeker niet ondertekenen. Denken ze nou dat wij totaal geschift zijn?' Ik zie nog net de opgetrokken wenkbrauwen van de bankjuffrouw voor ik zachtjes de deur dichtdoe. 'Een beetje zachter alstublieft! Ik ben net bij de bank. Kan ik u terugbellen?'

'Nee, ik ben de hele dag op de rechtbank. Ik bel zelf wel. Maar dat huurcontract voor de woning gaan we beslist niet ondertekenen! We zijn niet van lotje getikt.'

'Maar u zou ons toch begeleiden bij de overdracht van de koopsom?'

'Ja, inderdaad. Oké, ik zal er zijn.'

Drie kwartier later staan we op het pleintje voor de bank met een krediet van 70.000 euro in de zak. Mijn arme

Duitse echtgenoot wordt heen en weer geslingerd tussen grote vreugde en diepe minachting. 'Oostenrijk slaat alles. Ik bedoel, we lopen naar binnen, leggen een paar bonte vellen papier op tafel, vertellen iets over onze jarenlange ervaring in de boekenbranche en ze geven ons zomaar dat geld? Zomaar?'

'Ja, zij weten gewoon dat het goed zit. Wij zijn een dynamisch succesduo.'

Oliver wrijft voorzichtig met een duim over de kringen onder mijn ogen. 'Is dat zo? Dan gaan deze dynamische duohelften nu eerst onder de wol.'

Het is leeg en stil in het huis van onze vrienden. De volwassenen zijn aan het werk, de kinderen op de crèche. We doen onze zakelijke kleren uit en ploffen op de slaapbank. Oliver schuift zijn hand onder mijn T-shirt en mompelt: 'Denk je dat we goed bezig zijn?' Ik denk even na over mijn antwoord. Als ik ten slotte zeg: 'Ik weet het niet' is hij al vertrokken.

Drie uur later lopen we de lokettenhal met het hoge plafond van de Postsparkasse binnen. Oliver is onder de indruk van het door Otto Wagner ontworpen gebouw en staat zich midden in de ruimte te verbazen over de architectuur. Ik ben vooral geïmponeerd door het bedrag dat sinds twee uur officieel van mij is en dat wij zo meteen zullen opnemen: 40.000 euro, door mijn ex-vriend overgeboekt op mijn studentenrekening, die vanaf dag een zelden positief heeft gestaan. Zouden ze überhaupt wel zoveel cash meegeven? Willen ze niet weten waar al dat geld ineens vandaan komt en wat ik ermee ga doen?

‘Dat zijn bedragen van niks. Er zijn mensen die elke dag zo’n bedrag komen ophalen. Ze merken het niet eens als iemand een half miljoen naar hun rekening overmaakt.’ Mijn man toont zich opeens een man van de wereld. Zo ken ik hem nog helemaal niet.
De loketjuffrouw werpt een snelle blik op mijn paspoort en telt inderdaad onaangedaan een stapel bankbiljetten op de balie uit. We krijgen er een papieren zakje en een kwitantie bij en ik doe het pakketje in mijn handtas, die ik in zo’n houdgreep klem dat mijn knokkels wit zien. Doen alsof het niets voorstelt en ik dagelijks met grote sommen geld door de stad loop gaat mij niet gemakkelijk af. Ik kijk de hele tijd om me heen en de tas gaat voortdurend van de linker- naar de rechterhand en vice versa.
Het volgende agendapunt is de Handelskamer, afdeling startende ondernemers. Dikke stapels papier, glanzende brochures, mooie mensen in zakelijke outfits en een niet bijster informatief gesprek over het oprichten van een bedrijf. Ik kan de dame niet echt volgen, ik moet tenslotte die 40.000 euro in mijn handtas bewaken. Vroeger was de boekenbranche in Oostenrijk een beschermde bedrijfstak en konden alleen boek- en muziekhandelaars met een vakopleiding een eigen zaak beginnen. Sinds een regeringswisseling eind jaren negentig mag iedereen dat, je hoeft zelfs niet eens te kunnen lezen. Komt dat even goed uit. Omdat mijn man *de Duitser* is en ik *de Oostenrijkse*, moet de bedrijfsvergunning op mijn naam komen en kan dat niet op die van Oliver, die al twintig jaar officieel boekhandelaar is. Ik ben helemaal niets, maar bombardeer mezelf

van het ene op het andere moment tot beginnend ondernemer en vraag een bedrijfsvergunning aan.
We arriveren veel te vroeg in onze nieuwe straat, die in de oktobermiezer een tamelijk troosteloze en verlaten aanblik biedt. We blijven in de auto zitten en staren naar de vervuilde etalage van 'onze' boekhandel. Ik word met de minuut nerveuzer en een kwartier later weet ik het zeker: dit is de grootste fout van mijn leven. Iemand komt ons het geld afhandig maken en het contract zal nep blijken te zijn, of alles klopt maar er komt van onze levensdagen nooit iemand een boek kopen. Zoals gebruikelijk in dit soort situaties wordt Oliver met de minuut zwijgzamer, ik houd op een gegeven moment ook maar mijn mond en observeer hoe de eigenaar in gezelschap van een dame en een heer uit een auto stapt en het huis binnengaat. Onze advocaat schittert door afwezigheid.
'Als hij wegblijft ga ik niet naar binnen.'
'Hij blijft heus niet weg. Alles komt goed.'
Tien minuten te laat komt hij er natuurlijk aan en het is ongelooflijk hoeveel vertrouwen de verschijning van deze bezwete, afgemat uitziende man met zich meebrengt. Hij is er. Alles komt goed. Niemand zal er met ons geld vandoor gaan en er staan geen kleine lettertjes in het contract, alleen de klanten kan hij ons niet bezorgen. We persen ons met de vorige eigenaar, zijn juridisch adviseur, de curator en onze advocaat in een krappe, muffe achterkamer. Contracten worden ondertekend, 40.000 euro verwisselt van eigenaar, en dat alles in rap tempo. Iemand drukt ons een betaalbewijs in de hand. Wij hebben een boekhandel gekocht.

Als iedereen weg is lopen wij nog een keer door de ruimte. Ik ga achter de toonbank staan en probeer me mijn toekomst voor te stellen.
'Wat zal het mooi worden als al die ouwe troep eruit is. Nieuwe vloer, nieuwe verflaag, nieuwe verlichting. Er moet meer lucht in de etalages. En deze stellingen en dit wandje gaan eruit.' Oliver zou het liefst à la minute met de verbouwing beginnen. Ik voel opeens hoe moe ik ben en denk aan mijn Latte Macchiatoleventje in Hamburg. In plaats van een baan voor halve dagen, een chique woning en eigen baas qua tijdsindeling wordt het dag en nacht werken, voorlopig geen eigen plek onder de zon en de komende tien jaar in de schulden. Of nog langer? Maar goed dat mijn voorstellingsvermogen zo ver niet reikt.
Voor we terug kunnen naar Hamburg moeten we nog achter een plek in een Weense Kindergarten aan. Per direct. We hebben nog twee uur en in onze grenzeloze naïveteit gaan we naar MA 10, een bevoegde dagopvang.
'Februari-maart is de gebruikelijke aanmeldperiode. We zitten vol. Sorry.'
'Maar we verhuizen al heel snel naar Wenen en dat wisten we begin oktober pas.'
'Heel vervelend. Maar daar kunnen wij helaas niets aan doen.'
Een paar straten achter onze boekhandel is een particuliere kindercrèche van katholieke signatuur. Het aanmeldingsgesprek duurt tien minuten en ons kind is van harte welkom. Nu dus van de Hamburgse vrije kleuterschool met bolderkar, punkdienstweigeraars en troeperig speel-

hoekje naar een hygiënisch onberispelijke, door oudere dames geleide Kindergarten 'waar 's morgens altijd wordt gebeden' en tussen de middag een verplicht middagslaapje van een uur wordt gehouden.
Hoe kort is het geleden dat wij uren de tijd hadden om ons te verdiepen in de perfecte zorg voor onze dochter: Duits, Engels, Turks, montessori of traditioneel, vegetarisch, biologisch met vlees, met deelname van de ouders of zonder? Dat tijdperk is definitief voorbij. Een andere keus is er niet.

Dan trekken we bij onze vrienden in, niet officieel natuurlijk, want het bescheiden huis in Schafberg is precies op maat voor een gezin met vier personen en met zijn zevenen is het best wel een beetje krap. Er wordt een derde bed op de kinderslaapkamer bijgeplaatst, ons verwende zo goed als enig kind heeft plots geen eigen speelgoed meer en nog twee zusjes erbij bovendien, wij betrekken een vochtige logeerkamer van zeven vierkante meter voorzien van een slaapbank en een Ikeakast voor onze spulletjes. Het geheim van dit succes: iedereen is weinig thuis. Onze vrienden zijn beide arts met verschillende diensten en wij zijn de klok rond in de boekhandel. Wat ook helpt zijn de nieuw aangeschafte wasdroger en de overvloed aan personeel. Behalve een Slowaakse poets en twee Slowaakse kindermeisjes die om de beurt oppassen, komt er spoedig versterking van een 'Mutti', die zich over de was ontfermt. We zien machteloos aan hoe de Slowaakse bende de regie in huis overneemt. Alle medische boeken worden ontdaan van post-its voor ze op kleur in de boekenkasten worden gezet, de cd's maken plaats voor een diversiteit aan snuisterijen, en de kerstversiering met kunstsneeuw wordt in

februari nog eens verwijderd. Maar de kinderen vermaken zich uitstekend en daar gaat het om.
Oliver legt nog een keer het traject Hamburg-Wenen af met een auto vol gereedschap en eerste levensbehoeften. De grote zoon is voorlopig bij vrienden in Hamburg in de kost.
We geven onszelf twee weken om de oude, verstofte winkel om te toveren tot een nieuwe boekhandel. Iedere dag dat we nog niet open zijn is een dag zonder inkomsten en dus een drama voor onze schuldenlast. We stellen de deadline op 4 november. Ik scan mijn kennissenkring met andere ogen, want zelfs als we de oude stellingen hergebruiken en de rest goedkoop bij Ikea of een bouwmarkt op de kop tikken, is er voor de verbouwing weer geld nodig dat we niet hebben. Toen we 40.000 euro voor een boekhandel op tafel hadden gelegd was de koek op. De verhuurder wil dat we een aantal maanden vooruitbetalen voor de renovatie van de woning en o ja, er moeten toch ook boeken in de winkel komen. Ik heb weer maar een paar uur nodig om genoeg mensen te vinden die ons uit de brand helpen. De vriend van Katja 'doet iets met pc's en leent ons 10.000, het radiologenstel geeft ons niet alleen onderdak maar ook een kortlopende renteloze lening, een bevriend echtpaar uit Boven-Oostenrijk, mijn voormalige docent, komt met de rest over de brug. Na de eerste kerstomzet zullen we zo veel verdiend hebben dat we alles kunnen terugbetalen. En als dat tegenvalt? Hm. Dan hebben we een probleem.
De mensen die geen geld kunnen lenen bieden ons hun handen aan en worden onbarmhartig ingedeeld: Peter is

handig met elektriciteit, Ulla kan schilderen, Guido kan alles en zij die niets kunnen maar alle tijd hebben halen stellingen leeg, maken ze schoon en zetten ze weer in elkaar.
Twee weken, waarin we met radiologen, journalisten, literair agenten, dansdocenten, grafici, leraren en psychologen bezig zijn om heel veel boeken in kratten te stouwen, muren te schilderen, vloerbedekking te leggen. Ik trek de knaloranje overall alleen uit als ik ga slapen, al loont dat nauwelijks de moeite. Bij de eerste contacten met potentiële klanten word ik voor een medewerker van de milieudienst aangezien, in Wenen alom bekend als MA 48 met de oranje dienstkleding. Als ik de buitenkant van de etalage sta te schilderen blijven enkele voorbijgangers staan en vraagt een oudere heer: 'Wie is degene die de boekhandel overneemt?' 'Dat ben ik', antwoord ik. 'Mijn man en ik.' 'O, hallo', mompelt hij slechts en monstert hoofdschuddend mijn overall met verfvlekken. O, hallo. Het raakt me tot op het bot.
Oliver leert deze twee weken een belangrijke les, en wel dat het heel goed kan zijn om hulp te aanvaarden. Oliver, die liever zijn tong afbijt dan iemand iets te vragen, die het liefst in zijn eentje een heel huis zou bouwen, komt er gaandeweg mee in het reine dat er mensen zijn die hulp aanbieden zonder er iets voor terug te verwachten. Ze willen er gewoon bij zijn, ze willen helpen de boekhandel nieuw leven in te blazen.
Op 4 november om drie uur 's morgens plakt Guido de laatste reep tapijt vast en schikt Katja de naslagwerken

in de schappen. Er is een wonder gebeurd, dat eruitziet als een boekhandel. De nieuwe lampen werpen een warm schijnsel op de glanzend schoongemaakte boekenplanken, met twee stellingen minder oogt het oppervlak groter en ruimtelijker, het grijze tapijt ademt elegantie uit en last but not least: we hebben boeken. Nieuwe boeken. Uit de actuele najaarsaanbiedingen. 's Nachts hebben we stapels catalogi doorgenomen die we naar het adres van onze vrienden hadden laten sturen. Met de adequate hulp van beide radiologen hebben we ingekocht en vele Oostenrijkse distributeurs hebben voor meer dan 30.000 euro aan boeken geleverd, zonder bedrijfsvergunning, zonder bankgarantie, simpelweg omdat ze mij kennen. Dat is Oostenrijk, en voor de tweede keer in korte tijd wordt mijn conventionele Duitse echtgenoot heen en weer geslingerd tussen bewondering en minachting voor dit land.

Dan breekt de grote dag echt aan. 4 november, 09.00 uur 's morgens. We gaan open en staan verwachtingsvol achter de toonbank. De radiologe krijgt een spoedinstructie bij de kassa, de journaliste heeft de laatste paar dagen geholpen alles in te ruimen en weet dus precies waar wat staat, de literair agent weet in elk geval genoeg over de boeken van haar eigen uitgevers.

Zo moet een actrice zich voelen die vlak voor haar eerste grote optreden staat, mijmer ik, terwijl ik in mijn winkel bij mijn boeken sta en probeer te doen alsof dat de gewoonste zaak van de wereld is.

En de klanten stromen binnen. Alsof de winkel nooit gesloten is geweest, alsof we hier altijd hebben gestaan. De

deuren gaan open en er komen mensen binnen die geen flauw benul hebben dat de zenuwen ons door de keel gieren. We nemen bestellingen op, traceren boeken die de afgelopen nacht nog door onze handen zijn gegaan, noteren adressen en telefoonnummers. Op enig moment in de waan van deze dag staat er een jonge, blonde vrouw voor me. Ze was al eerder geweest, toen de renovatie nog in volle gang was. Ze had vanuit de deuropening naar de manager gevraagd en geïnformeerd of wij een baan voor haar hadden. Ik lichtte haar in en wiste haar uit mijn geheugen. Ik had haar weggestuurd zonder zelfs haar telefoonnummer te noteren.
'Neem me niet kwalijk, maar ik was hier van de week al om te vragen of ik hier zou kunnen werken. Ik woon om de hoek, ik lees ontzettend graag en heb altijd in een boekhandel willen wer...'
'Wanneer kun je beginnen?'
'Maandag.'
'Prima. Maandag om negen uur.'
Er gaat niets boven een zorgvuldige selectieprocedure van nieuwe medewerkers.

Er is een film waarin Harvey Keitel iedere ochtend zijn sigarenwinkel opent, de stoep veegt en een foto van zijn straatje maakt.
Zo zagen wij het voor ons op die lange midzomeravonden in Hamburg als wij klonken op onze beslissing: elke dag de luifels inklappen, de zaak openen en de straat op de foto zetten. Bij ons tienjarig bestaan zouden we een soort expositietje organiseren: ons straatje in de loop van de tijd, of zoiets dergelijks.
Dat leuke plannetje lijdt al meteen schipbreuk vanwege het detail dat Oliver gedurende zijn opzegtermijn van zes maanden in Hamburg moet werken en dus op de zondag na de opening in de auto stapt, mij als nieuwbakken ondernemer zonder eigen woning achterlatend. Ik, die nooit van mijn leven meer een alleenstaande ouder wilde zijn. En zeker geen ondernemer wilde worden. En een boekhandelaar ben ik ook al niet. Maar goed dat ik geen tijd heb om te voelen hoeveel er van me gevraagd wordt. En wat een zegen dat ik geen eigen huis heb, want de samenwoning met het radiologengezin is de enige mogelijkheid om kind en nieuwe daginvulling te combineren.

Als ik even na zessen thuiskom zijn alle kinderen van de Kindergarten gehaald en heeft een van de twee doktersvrienden iets te eten voorbereid. We geven ons twee uur over aan een gezinsleven: eten, badderen, tandenpoetsen, voorlezen, kroelen. Bij toerbeurt. Ik zet de wekker om 20.30 uur – dan slaapt het kind – en ga dan weer naar de boekhandel, waar ik met een engel uit de buurt bestellingen van klanten afhandel, de voorraad aanvul, de volgende dag voorbereid.
Als er zoiets als het lot bestaat, is het ons gunstig gezind. Er komen als door een wonder allemaal engelen op ons pad. Zoals Eva, die in haar tweede week als 'student die bij ons wat bijklust' besluit haar studie aan de wilgen te hangen om zich in het echte leven te storten, lees: bij ons in de leer te gaan; een buurvrouw, gediplomeerd boekhandelaar, die nu omwille van haar drie kinderen een carrièrepauze houdt en opgewekt haar kennis ter beschikking stelt. Die ik bitter hard nodig heb.

De eerste weken gaan als een permanente waas van uitputting, stress en gewetenswroeging in elkaar over. De openingstijden van de dagopvang worden tot de laatste seconde uitgebuit, waarna Katka, het Slowaakse kindermeisje, een rondje langs de verschillende crèches maakt en oppast tot een van ons thuiskomt. Op een of andere manier is het ons allemaal ontschoten dat de Kindergarten op vrijdagmiddag om twee uur dichtgaat en plotseling staat een van de juffen voor mijn neus, die op een van verontwaardiging druipende toon meedeelt dat mijn kind al een

uur op het kantoor van de directrice zit te wachten tot ze wordt opgehaald. Ik sta alleen in de winkel. Er is maar één klant die haar bestelling komt halen – die ik nergens kan vinden – en toekijkt hoe ik in huilen uitbarst.
'Mevrouw, maak u alstublieft niet druk, zo erg is dat toch helemaal niet. Gaat u maar snel uw kind ophalen, dan pas ik even op en leg het aan de klanten uit.' Grienend ren ik naar de dagopvang, waar de dochter prinsheerlijk achter het bureau van de directrice haar kans schoon ziet om in basisschoolboekjes te kijken waar zij volgens de juffen nog te jong voor is. Godzijdank kan ze nog niet klokkijken.

Er beginnen bekende gezichten te komen: klanten die voor de tweede keer de winkel binnenlopen of een bestelling komen ophalen. Ondanks de totale uitputting word ik wat rustiger en krijg ik het idee de zaken half onder controle te hebben. Ik vertel mijn beide collega's over de Noord-Duitse samenleving waar men zweert bij dienstverlening, een situatie die in schril contrast staat met de vaak geciteerde Weense dufheid, en wij nemen ons voor de vriendelijkste winkel van Wenen te worden.
We worden vanaf het begin overspoeld met bestellingen, terwijl we hadden gedacht er hooguit een paar per dag te zullen krijgen, zodat we het op onze slofjes aankonden en we de klanten ook meteen zouden herkennen. We hebben dus geen doorwrocht bestelsysteem en al helemaal geen automatische datatransmissie of iets dergelijks. Dit betekent dat we iedere bestelling noteren op een blok met carbonpapier, de klant de doorslag meegeven en zelf het ori-

gineel houden. Jaren later vinden we nog groene briefjes in de ingewanden van onze ladekasten. Twee keer per dag gaat iemand achter de telefoon zitten om de bestellingen aan de drie grote Oostenrijkse distributeurs door te geven. En het wonder geschiedt: de volgende dag komen de boeken binnen. Een bevriend echtpaar dat een boekwinkel in een naburige wijk runt helpt ons met de bestellingen die via de Duitse groothandel lopen. De boeken die wij niet in Oostenrijk kunnen krijgen bestellen we via hun klantnummer, de zestienjarige zoon van de buurvrouw gaat twee keer per week met de tram naar de Alser straße en komt met twee plastic tassen vol bestellingen terug. Het duurt niet lang tot hij het daar niet meer mee redt en we zelf in de auto springen om de dozen af te halen. 'Nou, jullie doen goede zaken', grinnikt de collega terwijl hij mij de handel overhandigt.
Het foutenpercentage is niet meer zo hoog als in het begin, maar ieder boek dat onder de juiste naam in het juiste afhaalvak ligt, is nog steeds een sensatie. Naam van de klant vragen – aarzelend omdraaien – voorzichtig in de schappen onder de toonbank blikken – met een resolute zwaai en blijde opwinding in de stem afronden: 'Jazeker, dat is binnen!'
Na een paar dagen besluiten we op een andere strategie over te gaan: 'We doen gewoon alsof het zo hoort dat het boek er is, oké? Geen verraste ondertoon in de stem, gewoon cool omdraaien, het boek uit het vak pakken en de prijs aanslaan. Dat komt veel professioneler over.' Eva speelt haar nieuwe rol met uitgestreken gezicht.

Oliver gebruikt al zijn overuren en vakantiedagen om zo vaak mogelijk naar Wenen te komen. Het is geen makkelijke situatie. Ik ben blij als hij er is en heb het gevoel dat ik dan even gas terug kan nemen, maar dat hij onze werkwijze opschudt met zijn professionele adviezen maakt het wel ingewikkeld. Zo moet het voelen voor vrouwen met een man die ver van huis montagewerk doet, op zee of op een booreiland, en die na lange periodes van onafhankelijkheid weer te verstaan krijgen wat ze hoe moeten doen. Onze samenwerking had zich tot nog toe beperkt tot het huis schoonmaken, kinderen opvoeden, koken en klussen, allemaal zaken zonder enig competitie-element. Maar nu heb ik met twee medewerksters, van wie de een van toeten noch blazen weet maar zeer creatief is, en de ander kan toeten en blazen maar een speciale gebruiksaanwijzing heeft, een routine opgebouwd die weliswaar nog erg als 'winkeltje spelen' voelt, maar niettemin wel functioneert. Dan komt de ervaren boekhandelaar op het toneel en zegt beleefd maar dringend hoe het moet. Dat hij Duitser is, helpt niet echt.
De aanloop naar het eerste kerstseizoen verloopt stroperig. Eva komt half november op het idee om een paar adventskalenders te kopen, de dagomzetten stijgen, de goederenverwerking neemt me tot ver na middernacht in beslag. We decoreren de etalage met watten en glitters en de collega leent ons haar antroposofische kerststal op voorwaarde dat ze die op kerstavond weer terugkrijgt. Ik ben zoveel uren in de winkel dat ik nauwelijks meer weet hoe de buitenwereld eruitziet. Als het 's morgens een

moment wat minder druk is duik ik vaak even het grote filiaal van de drogisterij aan de overkant van de straat in en slenter als een zombie door de gangpaden. Ik koop een paar overbodige dingen maar het voelt alsof ik een wellnessbreak heb. Doucheschuim, tandpasta, een nieuwe mascara – shoppen maakt wel degelijk gelukkig. Op een zondagavond word ik door de radiologe overgehaald om een keer niet naar de winkel terug te gaan. We installeren ons op de bank, trekken een fles rode wijn open en kijken een aflevering van Tatort. Ik kan wel janken van geluk.

Twee weken voor de kerst neemt Oliver zijn resterende verlofdagen op en komt naar Wenen. Het is de hoogste tijd, ik sta echt op instorten. Het is inmiddels vrijwel een onmogelijkheid geworden de lawine van bestellingen bij te benen. Elke dag zit iemand van ons team een uur lang achter de telefoon ISB-nummers door te geven. Ik herinner me opeens dat ik jaren geleden iemand heb ontmoet die elektronische bestelsystemen voor boekhandels verkoopt. Ik bel hem op en hij is fanatiek genoeg om het geval in één nacht te verkopen, te installeren en enigszins uit te leggen. We voelen ons op slag waanzinnig professioneel.
De omzetten stijgen gestaag, de mensen kopen en bestellen, wij adviseren, recommanderen, traceren, incasseren verpakken de aankopen als cadeau, nemen handel in ontvangst, maken rekeningen en dat alles vrolijk en goedgehumeurd. Althans tot 20.00 uur. Dan slepen we ons naar onze herberg, hopen dat iemand iets te eten heeft gemaakt en dat ons kind tussen de middag niet geslapen heeft en dus vroeg

naar bed kan. Een glaasje rode wijn geeft ons het extra zetje om in een diepe slaap te vallen. In mijn dromen ben ik op jacht naar boeken, probeer ik mij de naam van een klant te herinneren en vergis ik me constant met het wisselgeld.
Ik ben vlak voor kerst jarig en natuurlijk is er niemand die daarbij stilstaat, ik al helemaal niet. In de korte middagpauze vraagt Oliver: 'Hoe wil je je verjaardag vieren?'
'Zwijgend.'
Ik ben van het meest communicatieve soort, om niet te zeggen een regelrecht feestbeest, maar bij de gedachte me die avond met wie dan ook te moeten onderhouden breekt het zweet me uit. Gelukkig zijn er in onze winkel ook dvd's te koop en zit er een alleszins acceptabele afhaalchinees naast ons.
Komm, süßer Tod, een wollen dekentje, verjaardagszoenen en veel Aziatische tapashapjes... het is een van de mooiste verjaardagsfeesten van mijn leven.
Twee dagen voor de kerst knijp ik er even tussenuit om de grote zoon van het vliegveld te halen. Als hij naast me in de auto zit klinken de weinige woorden die hij zegt me nog Noord-Duitser in de oren dan ik me herinner. Hij is ook een halve kop gegroeid, heeft zijn haar in wilde banen gevlochten, kortom ik zit met een vreemde jongeman in de auto. Voorzichtig breng ik het gesprek op het komende schooljaar. In oktober mocht hij van mij in Hamburg blijven om het schooljaar af te maken; daarna zou hij naar Wenen verhuizen en de laatste twee gymnasiumjaren op de school in de Schopenhauerstraße volgen. 'Jaha.' Weinig spraakzaam was hij altijd al.

Ik breng hem met zijn bagage naar de pleegoma, want in de herberg van de radiologen is geen plaats meer voor hem. Deze oma is de niet-biologische moeder van een ex-vriend. Toen mijn zoon een baby was heeft zij hem min of meer geadopteerd en sindsdien is hij haar enige kleinkind, wat onder meer inhield: van de crèche halen, huiswerk overhoren, een eigen speelkamer en een spaarrekening. Ze heeft me nooit vergeven dat ik hem heb meegenomen naar Hamburg en verheugt zich er mateloos op 'haar' kleinkind een weeklang in de watten te kunnen leggen.
Op de dag voor kerst doen we de winkel om twee uur dicht, tuigen de kerststal af, brengen hem terug en rijden moe maar voldaan naar het kleine huis op de Schafberg. De kerstboom is al bijna in vol ornaat, onze vriend de radioloog gaat met alle kinderen naar de bioscoop om naar *Petterson und Findus* te kijken en wij gunnen onszelf een middagdutje. 's Avonds voegt de grote zoon zich bij ons, we zitten bij de kerstboom en vormen een big happy family. De cadeautjes bestaan uit boeken, luisterboeken en spelletjes, allemaal dingen die via ons ordersysteem te bestellen zijn; wie o wie heeft in deze tijden nog fut om inkopen te doen? Oliver en ik geven elkaar niets. Twee vrije dagen: een mooier cadeau kunnen wij ons niet voorstellen.

Ik ben een mensenmens. Ik houd geen spreekuren of bureautijden. Niemand hoeft zijn komst aan te kondigen. Ik ben van negen tot zes in de boekhandel, te spreken voor iedereen die dat wil, en als ik tussen de middag even pauze houd krijg ik regelmatig een seintje van de collega's, omdat iemand speciaal naar mij vraagt. Er staan om de haverklap oude bekenden in de winkel te glimmen van de pret en als ik ze niet meteen kan thuisbrengen zijn ze bijna verbaasd. Klasgenoten, studiegenoten uit de meest uiteenlopende studierichtingen, ex-minnaars, vrienden uit de kindertijd van mijn inmiddels post-puberende zoon.
'Hallo! Wij kennen elkaar!'
'O ja?'
'Ik weet niet precies waarvan. Van de Uni? Ja, ik weet het weer. Unistaking, 1987.'
Even slaat de schrik mij om het hart. Dat was een kortstondige periode van promiscuïteit, wilde nachten en wisselende vriendjes, een fase die ik kennelijk nodig had om mij los te maken van het conservatieve nest. In die periode is mijn zoon geboren. De heer die nu tegenover mij staat komt me vaag bekend voor. Hij studeerde rechten en was

toen een van de weinige rechtswetenschappers die aan de correcte politieke zijde – de mijne – stond. Volgens mij hebben we nooit meer dan een paar woorden gewisseld en kenden we elkaar omdat we in dezelfde commissies zaten. Nu doet hij kerstinkopen, hij is blij met een boekhandel in zijn buurt en nodigt ons uit voor een oudejaarsfeest. Een feest! Op een avond dat we de volgende dag niet opengaan! Alcohol! Vrij! Oliver onderbreekt mijn droomgedachten met de mededeling dat we met de jaarwisseling moeten inventariseren. 'Maar als we op tijd klaar zijn, kunnen we daarna nog wel even gaan.'
Inventariseren. Wil dat zeggen dat we ieder boek dat we twee maanden geleden ingeruimd hebben weer moeten pakken, registreren, terugzetten? Een aantal is verkocht, akkoord, maar er zijn inmiddels ook weer nieuwe. Ik heb geen idee wat daarbij komt kijken. Maar ik ben ook geen boekhandelaar.
Als door een wonder zijn we om 23.00 uur klaar, we kleden ons snel om en spoeden ons naar onze eerste party in Wenen. Behalve de gastheer kennen we niemand, maar daar maken we ons niet druk om. We hebben geluk dat het buffet nog vol staat, want het ziet er allemaal heerlijk uit. We vallen aan en zakken ten slotte met een wijnglas in de hand, op de sofa in elkaar.

Terwijl wij dag en nacht in de boekhandel staan wordt boven ons hoofd het appartement in bewoonbare staat gebracht. Via de wenteltrap, die de achterkamer van de boekhandel verbindt met de bovenverdieping, maken we het van dichtbij mee en ook de klanten kunnen meegenieten met de geluiden van cirkelzagen en slagboormachines. Als we de winkel gesloten hebben glippen we naar boven en probeer ik me voor te stellen hoe het zal zijn om de klamme logeerkamer in het kleine huis op de Schafberg in te wisselen voor een huis van 150 vierkante meter. De keuken en badkamer zijn inmiddels betegeld en als door een wonder kwam er onder het laminaat in de woonkamer een prachtige parketvloer tevoorschijn. Ik verheug me erop meer ruimte te hebben, maar de overgang van onze huidige multifunctionele familiesituatie naar een gezin van vader, moeder en kind zie ik nog niet voor me. Het huis van de artsen is veel meer dan een dak boven mijn hoofd geworden, namelijk het model voor een functioneel, groter familieverband met gemeenschappelijke inkopen, roosters voor kinderopvang en een perfecte werkverdeling. Ons enig kind heeft zich verbluffend snel aangepast aan een situatie met een paar zusjes erbij. Onze vrienden doktoren hoeven hun nachtdiensten niet meer zo strikt op elkaar af te stemmen, omdat ik er 's nachts ben. Ik wilde eigenlijk sowieso altijd veel kinderen, maar nu ik de komende jaren zo'n beetje 24 uur per dag moet werken kan ik dat wel uit mijn hoofd zetten. Ik weet nauwelijks meer hoe ik ze moet maken en voor een zelfstandig ondernemer zit zwangerschapsverlof er natuurlijk niet in, en dus geniet ik maar van het samengestelde gezin. Omdat het werk zo intensief is zijn zelfs de stapels te smeren boterhammen bij het ontbijt en de regelmatige aanvallen van razernij van de jongste, inclusief de borden spinazie die tegen de muur gegooid worden, bijna ontspannend. Alleen het maagdarmvirus dat door de kinderkamer waart terwijl de anderen heerlijk in de nachtdienst zitten had ik kunnen missen als kiespijn. Om vier uur was er geen schoon laken meer in huis en de volgende dag sta ik met een draaierig gevoel in mijn maag achter de toonbank.

We zien reikhalzend uit naar Olivers laatste werkdag op de uitgeverij. Vanaf 1 maart zal hij alleen nog boekhandelaar zijn, woont hij bij ons in Wenen en werken wij samen. Het salaris van de marketingmanager is dan ook verleden tijd en we zullen het vanaf dan moeten doen met wat we omzetten.

Zolang de woning verbouwd wordt hoeven we geen huur te betalen en onze inwoning bij de radiologen is gratis.

Wenen beleeft een uitzonderlijk sneeuwrijke winter. De tram rijdt vaak niet, we spelen Bolderburen, en brengen

de kinderen met de slee naar de respectievelijke Kindergarten. Als onze doktersvrienden begin februari besluiten een weekje skivakantie te nemen, het ene kindermeisje ziek wordt en het andere opeens om dringende redenen naar Slowakije moet, raak ik in paniek. De dagopvang gaat om 16.00 uur dicht en op vrijdag, zo weten we inmiddels, al om 14.00 uur. In mijn wanhoop laat ik de schoonmoeder invliegen, hoewel haar omakwaliteiten tot nog toe aan de magere kant waren. Maar wat ik van haar verwacht is toch te overzien: het kleinkind uit de crèche halen, haar twee uur bezighouden en eventueel wat eetbaars klaar hebben als ik 's avonds thuiskom. Ze knikt: komt goed. Komt het ook, min of meer, slechts één keer gaat ze 's avonds nog snel even inkopen doen, raakt de weg kwijt en komt drie uur later met een taxi weer thuis. Een andere keer deed ze maar helemaal geen boodschappen en warmt ze een ons noedels van de vorige avond voor me op. Mijn uitbarsting 'Ik heb de hele dag keihard gewerkt, ik verdien een goede maaltijd!' ontlokt slechts een stomverbaasd zwijgen. Het kind geniet van ongekende televisievrijheid. Ook deze week gaat voorbij, de schoonmoeder archiveert met veel plezier catalogi in een ordner, brengt de verdiensten naar de bank en stort zich op nieuwe presentexemplaren. Laat iedereen doen waar hij of zij goed in is.
Dan breekt eindelijk de dag aan waar we reikhalzend naar uit hebben gezien! Oliver stouwt de auto vol, rijdt de elfhonderd kilometer die hij inmiddels kan dromen, om niet meer weg te gaan. Eindelijk zijn we weer bij elkaar, intensiever dan ooit tevoren. Overdag delen we 40 vierkan-

te meter boekhandel en 's nachts een klein kamertje met een 1 meter 30 brede slaapbank, vaak met een kind erbij en soms met zijn tweeën. Maar dit is onze droom, het gaat lukken en het wordt een succes! Zeker weten. De renovatie boven ons vordert slechts langzaam en ons bevriende artsenechtpaar is discreet genoeg om niet te vragen hoe het gaat met onze eigen vier muren. Dat we bij het aanbod bij hen te logeren van een paar weken uitgingen schijnt iedereen verdrongen te hebben. Inmiddels is de vierde verjaardag van de dochter ook nog gevierd en laten we eerlijk zijn, als je met Pasen eieren wilt verstoppen is een huis met een tuin toch veel praktischer. Het kind kan zich überhaupt al niet meer voorstellen hier ooit nog weg te gaan en weer enig kind te zijn. Maar als er een brief van de verhuurder van het artsengezin op de mat valt, worden we toch enigszins nerveus.

Bovendien heb ik door verschillende observaties op zijn minst de indruk gekregen dat het bezoek van uw kennissen een permanente situatie is geworden en dat het huis nu feitelijk door twee gezinnen in plaats van een wordt bewoond. Dit zou een ingrijpende schending van het huurcontract betekenen, met alle consequenties van dien.
Ik verzoek u mij binnen twee of drie weken te berichten of en zo ja sinds wanneer het betreffende gezin niet meer in het huis verblijft.

Met vriendelijke groet

Het werk in de boekhandel wordt ondertussen steeds meer routine. Ik vergis me niet meer voortdurend met het wisselgeld en Oliver krijgt het 'Wilt u een tasje?' vrijwel accentloos over zijn lippen. We proberen altijd fris en vrolijk te zijn, wallen worden weg geschminkt en als ik overvallen word door de gedachte dat dit mijn leven is voor de komende dertig jaar en ik er plots niet meer zo zeker van ben dat dit een goede keus was, probeer ik die zo snel mogelijk te verdringen. 'We kunnen niet meer terug.' Dat is steevast mijn laatste gedachte voor ik in slaap val.

We worden met open armen ontvangen door de mensen in onze omgeving, althans de boekenwurmen onder hen; de andere ken ik niet. Ze zeggen om de haverklap dat ze zo blij zijn dat er weer een boekhandel in de wijk is en dat ze vijftig jaar geleden hun schoolboeken al in onze winkel hebben gekocht. Als wij iets niet op voorraad hebben, bestellen ze het bij ons. Het komt niet bij hen op ergens anders heen te gaan. 'O nee, ik ga niet naar de stad. Dan kom ik morgen wel terug.' Alsof er een magische grens is, de 'stad' is precies 7 minuten en vijf tramhaltes verderop, maar voor de mensen uit onze wijk is het blijkbaar een andere planeet. Wij vinden het prima, en een paar maanden later betrap ik mij op hetzelfde gevleugelde 'Ik ga niet naar de stad' als ze bij de gereedschapswinkel tegenover ons een bepaald onderdeel niet op voorraad hebben.

Oliver heeft in Hamburg natuurlijk niet alleen zijn baan volgens de regels overgedragen en de grote zoon bij vrienden ingekwartierd, hij heeft ook onze complete inboedel in verhuisdozen geperst. Onder andere de paar duizend boeken die we in de loop van ons leven verzameld hebben. Een verhuizing van Hamburg naar Wenen is een dure grap, die iets gedrukt kan worden door een aantal weken van tevoren een datum te prikken; die dan onherroepelijk is. Ook als de nieuwe woning definitief nog niet klaar is, lees: de 130 m^2 parketvloer nog afgeschuurd moet worden. Er staan dus voor de duur van drie weken 350 verhuisdozen in het trappenhuis geparkeerd en de rest wordt in de toekomstige eetkamer gestald.

We hadden het zo mooi gepland: een kant-en-klare woning en uitnodigend lege boekenplanken, kasten en commodes. Doelmatig gemarkeerde kisten die door sterke mannen naar het juiste vertrek worden gedragen. We zouden alleen maar hoeven uitpakken, het linnengoed in de laden schuiven en de boeken op de planken schikken. Wat bij ons hoe dan ook een tijdrovend proces is, omdat ze op alfabet gesorteerd worden. Vakken met literatuur van voor 1900, Duitse literatuur, internationale literatuur, non-fictie en nog een paar hoeken met de fransozen, de bibliotheek van *Der Andere Verlag* en in de eetkamer een decoratieve plank

voor de facsimile uitgaven van de *Codex Manesse*. Nu staat ons hele bezit in het trappenhuis, wij wonen nog bij de radiologen en ooit zal de parketvloer klaar zijn.
We knopen voorzichtig contacten aan in de buurt en dat loopt gesmeerd. Op een achternamiddag staat er een knappe vrouw van midden veertig met een stralend gezicht en een uitgestoken hand in de winkel. 'Hallo, ik woon hiertegenover. Onze meisjes zijn even oud. We moeten snel kennismaken.' Op onze leeftijd verdoe je geen tijd meer met langzaam aftasten en opbouwen. Als er nog rek in je kennissenkring zit en je komt interessante mensen tegen, zeg je dat en klaar. Na deze zin volgt een gezamenlijk theaterabonnement, er wordt op elkaars kinderen gepast, de dochters zitten twee basisschooljaren bij elkaar in de klas en gedurende vele uren in de grote tuin aan de overkant vloeit rijkelijk de witte wijn.
Ook Robert werd ons door deze of gene in de schoot geworpen. Toen wij kort voor de opening probeerden een banier met de naam van onze boekwinkel aan de gevel te bevestigen vertelde iemand dat er iemand van de wijkraad van de Grünen in de buurt woont en dat die ongetwijfeld een lange ladder heeft. We vinden Robert, zeulen gezamenlijk de ladder naar de boekhandel en hij helpt ons meteen het geval te bevestigen.
Robert is bouwtechnicus van beroep. Als we hem ontmoeten hebben we geen flauwe notie dat hij een van de belangrijkste personen in ons nieuwe leven zal worden. Hij helpt Oliver de meterslange boekenstellingen op te bouwen, die ik vervolgens met Roberts vriendin in de verf zet. Oliver

laat zich alle hulp inmiddels gedwee aanleunen. Hij heeft ten slotte ingezien dat onze toekomst zonder helpende handen nooit van de grond zal komen.

Dan is het zover. We verlaten de huishouding van de radiologen en trekken in ons eigen huis. Van 7 m^2 naar 150 m^2, van een Ikeastelling naar een inbouwkast, van woongroep naar vader-moeder-kind. Als ik de kasten inruim en het toiletmeubel in de badkamer volzet ben ik blij dat het kind haar eigen hoogslaper heeft met speelruimte eronder en dat ze niet meer op een uitklapsofa tussen twee andere kinderen hoeft te liggen. Maar als ze naar bed gaat voelt ze zich plotseling eenzaam. Ze mist het vertrouwde gekwebbel en geknuffel en kan in haar eentje helemaal niets met het speelgoed dat uit de verhuisdozen is gekomen. De fopspeen moet weer voor de dag gehaald. Ik snap het helemaal, voor mij is het ook vreemd zo alleen met man en kind. We zullen er wel aan wennen. We hebben met de radiologen twee vaste dagen in de week afgesproken dat hun kinderen bij ons slapen of ons kind op de Schafberg. Een gezamenlijke vakantieweek in de zomervakantie is al geboekt.
En wij? Wij wonen plotseling boven ons werk. De wenteltrap, de schakel tussen het achterkamertje van de boekhandel en de voorkamer van onze woning, wordt de spil van ons bestaan. In het begin zijn we even bang dat wijzelf of de dochter onze nek breken, maar binnen de kortste keren zoeven we achteloos over de metalen constructie naar boven en beneden. 's Morgens met een mok koffie in de

hand, later op de dag om nieuwe koffie te zetten, de wasmachine te bedienen of snel even te lunchen. De keren dat Oliver de dochter naar de Kindergarten brengt of als ze bij de vrienden logeert, heb ik meestal de hele ochtend geen idee wat voor weer het is. Ik heb geen jas en vervoermiddel nodig om op mijn werk te komen en ik ben zelfs een keer vergeten mijn schoenen aan te doen. Het haantje dat ronddraait in de grill is tot in de boekhandel te ruiken, met blije en relaxte klanten als gevolg. Op de avonden dat het radiologenkroost bij ons logeert volgen we een vast ritueel, waarin de wenteltrap een centrale plek heeft. Na het avondeten, tandenpoetsen en pyjama en dikke sokken aandoen ga ik met het drietal via de trap naar de boekhandel. Daar brandt alleen een nachtlampje, maar ze weten blindelings de weg naar de kinderafdeling. Daar mogen ze alle drie een boek uitzoeken voor een verhaaltje voor het slapengaan. De buit wordt even uit de boekhandel geleend, er wordt met de nodige omzichtigheid uit voorgelezen en de volgende ochtend weer teruggezet. 'Het moet cool, roze en echt gebeurd zijn', met andere woorden: het uitkiezen duurt vaak langer dan het voorlezen.
Inmiddels zijn het grote, puberende, met hun oordoppen en smartphones verkleefde tienermeiden. Ze hebben alles van Harry Potter, Eragon en Percy Jackson, onze dochter ontdekt Victor Hugo, ze gniffelt over *Tschick* en *Mieses Karma*, en de wenteltrap is allang grijze geschiedenis. Maar de pyjama-avondjes in de boekhandel weten ze allemaal nog precies. Misschien dat die er een beetje aan hebben bijgedragen dat het rasechte boekenwurmen zijn geworden.

Wonen bij het werk heeft als nadeel dat je er altijd mee bezig bent of je schuldig voelt als dat niet zo is, omdat je alles wat niet is gelukt concreet voor je neus ziet liggen.
Aangezien we voor de rest van onze tijd hier op aard voor de boekhandel hebben gekozen, was dat zonder dat we het ons realiseerden, tevens de keuze om permanent aan het werk te zijn, en dat is zonder woon-werkverkeer veel eenvoudiger. Na de gezamenlijke avondmaaltijd en het bedritueel wordt de babyfoon aangezet en dompelen we ons allebei weer onder in de 'berg met werk', zoals we het oord noemen waar we inmiddels met gemak zestig uur per week vertoeven.
We struikelen opnieuw over een goede geest die ons leven vanaf dat moment een stuk makkelijker maakt: een studente uit Chili, die boven ons woont in een vochtig appartement met toilet op de gang. Ze heeft geen wasmachine en een slecht functionerende verwarming. Onze wasmachine kan ook de was van vier personen aan en onze keuken is groot genoeg voor een studente die overdag een warm plekje nodig heeft om te studeren. Lorena kan bakken, ik kan koken, zij heeft geen televisie en ik heb vaak oppas nodig. Een win-winsituatie.
Het duurt even voor we ons realiseren dat het ingetogen concept van een 'kleine maar fijne boekhandel' dat we voor ogen hadden, dramatisch mislukt is. Klein en fijn gaat beslist op, maar die ingetogenheid is ver te zoeken, althans voor degenen die hier werken. Er gaat bijna geen minuut voorbij zonder dat er klanten in de winkel zijn. Tussen negen en zes loopt het af en aan met mensen die voetstoots

aannemen dat ieder denkbaar onderwerp bij ons in boekvorm verkrijgbaar is. Adviezen over dieren, opgavenbundels bij het wiskundeboek, bijbels, snoei-instructies voor fruitbomen, een speciale uitgave van Jane Austen, boeken over hazelnoten, de nieuwste Garfield, een cadeau voor een vader die niet van lezen houdt, een reisgids voor de Cycladen ('Wat? Weet u niet waar dat ligt?'). En wij proberen alles wat een mens maar enigszins bezig kan houden op voorraad te hebben, want we willen de beste zijn, we willen klantgericht zijn, en het liefst willen we alles wat iemand vraagt zo tevoorschijn kunnen toveren. Dat vraagt de nodige fantasie, want veertig vierkante meter is niet veel. Het is en blijft een kleine ruimte waarin we megabookstore spelen. Onze oplossing is voor iedere verkooppsycholoog een open deur om in een seminar als voorbeeld te gebruiken van hoe het *niet* moet: naar boven. De oude boekenstellingen reiken tot het plafond en zijn letterlijk tot de nok toe volgestouwd. De bovenste zijn alleen bereikbaar met een lange ladder, die bovenaan vastzit en op railtjes door de halve boekhandel geschoven kan worden. Maar goed dat er geen vreemden boven de winkel worden. Als je aan de eettafel zit en beneden iemand om een Argentijnse reisgids hoort vragen (een A; helemaal bovenaan dus) of een Thomas Bernhard (pocketplank, helemaal bovenaan) begint de vloer te schudden alsof er een middelzware aardbeving plaatsvindt. Mocht het zeldzame geval zich voordoen dat een van ons boven zit en dit geraas treedt op, dan is dat goed nieuws: ieder verkocht boek is een goed boek. Omgekeerd is natuurlijk ook ieder geruis

van boven te horen: als de drie kinderen door het huis hollen of op de oude piano rammelen, krijgen de klanten daar ook wat van mee.
Bij het zoeken naar ruimte voor onze handelswaar geven we onze fantasie de vrije teugel en zo ontstaan de zotste plekken voor specifieke categorieën. Daarbij is geen sprake meer van logica, maar wij weten het te vinden en daar gaat het om. Zo is er een 'kleine prins plank', een 'hond-paard-yoga-golf-afdeling', en een 'Brezinahoekje' en dan zijn er nog boeken die je in huis moet hebben maar niet openlijk wilt uitstallen, zoals de opkomende 'mummy porn' boeken en Duitsland-schaft-zich-af à la Sarrazin. Dergelijke titels worden op verzoek uit een of ander hoekje getrokken. Qua absurditeit spant de stelling met erotiek en historische romans de kroon: omdat er nog een paar gaatjes waren, hebben we die opgevuld met boeken van Daniel Glattauer.
Natuurlijk hebben we in de winkel een speciaal hoekje ter ere van Doderer (Oliver is als Noord-Duitser toch maar tot het *Heimito von Doderer-Gesellschaft* toegetreden): talrijke boeken van en over de Oostenrijkse auteur, van wetenschappelijk tot antiquarisch, zijn uitgestald op een grote ingelijste zwart-witfoto van een heftig gesticulerende Doderer die een lezing geeft. Niet alle klanten herkennen de grote dichter meteen, maar een echte Wener zegt hardop wat hij denkt: 'Wie is die lijperd die zo onnozel om zich heen zwaait?' Gelukkig is Oliver niet in de winkel als deze zin wordt afgevuurd, hij heeft het al zwaar genoeg als Duitser onder de Oostenrijkers. Overigens heeft hij zich

snel wegwijs gemaakt in het doolhof van de Oostenrijkse literatuur. Hij kent het jaarlijkse Georg Markus boek en herkent Dietmar Grieser, hij kan de naam Sedlaczek schrijven en als mevrouw Löwinger de winkel binnenstapt weet hij misschien niet precies wie zij is, maar beseft wel dat hij moet doen alsof hij het wel weet. Slechts één keer, als een ongeduldige klant de nieuwe Hollabek wil hebben, breekt het zweet hem uit. Een politicus uit de Oostenrijkse geschiedenis? Een toneelspeler in de Josefstadt? Een kamerzanger die hij niet kent? 'Kent u die niet, de fransoos? Die iets met een eiland heeft geschreven?' Maar goed dat wij allemaal goed hebben geoefend op de spelling van Houellebecq.
Het grappige van Olivers positie is dat deze vooral bij klanten heel helder is: 'Dat heeft die Duitser voor mij besteld!' horen we maar al te vaak als een boek niet à la minute wordt opgeduikeld. Diezelfde klanten vragen op smachtende toon naar mij: 'Is de cheffin er vandaag niet?'
Maar als een oudere heer het eens over 'die onvriendelijke collega met dat Hoogduitse accent' heeft, lijken we toch een stelletje boerinnen met kiespijn.

De sympathieke papa die ik bij de Kindergarten vaak tegen het lijf loop, was vroeger boekverkoper in een grote boekhandel in de binnenstad. Hij heeft nu drie kleine kinderen. Zijn vrouw is weer aan het werk gegaan en hij zingt 's avonds in een van de beste koren van Wenen. 'Ga je ooit nog eens terug in het boekenvak?' vraag ik eens, terwijl hij zijn jongste in de buggy tilt. Hij kijkt mij grijnzend aan.

'Jazeker. Als jij me een baan geeft.' Hij staat nu al jarenlang twee middagen per week achter de toonbank en is zo'n beetje de vrijbuiter van ons bedrijf. Hij heeft geen administratieve taken en is niet verantwoordelijk voor nabestellingen of andere ingewikkelde indirecte ongein. In de negen weken van de zomervakantie maakt hij al zijn uren in één week, omdat hij heeft bedongen dat hij de rest van de zomer vrijaf krijgt. Hij werkt niet in het weekend, belt onder werktijd wanneer dat maar nodig is met de verzorgers van zijn kinderen, zingt tijdens zijn werkzaamheden op meer of minder gedempte toon zijn toonladders en is populair bij iedereen. Ja, ook bij de collega's. Hij bruist altijd van energie, schenkt zelfs de onvriendelijkste klanten steevast een stralende glimlach en heeft het geduld dat je iedere man met kinderen in uiteenlopende leeftijden toewenst. Alleen als Frau M. binnenkomt wensen we hen allebei naar het eind van de wereld. Dan wordt in alle toonaarden de laatste opera besproken, de dirigent gefileerd en het decor afgekraakt, en moeten alle andere gewone stervelingen, die alleen een boek komen afhalen of bestellen, maar even wachten. De muze gaat tenslotte voor en de recensie van deze operaminnares is veel te charmant om te onderbreken. De lange maanden waarin Peter er niet is zijn voor haar nauwelijks door te komen en haar bestedingspatroon zakt dan aanzienlijk in. Hij weet de harten van de oudere dames zonder slag of stoot te veroveren en heeft voor hen allemaal een luisterend oor. Wat een gelukkige bijkomstigheid dat Peter ook verstand van bomen heeft: mevrouw G. wil een nieuwe abrikozenboom kopen, maar geen hovenier die nog te vertrouwen is. Ze wilde eerst alleen een boek over fruitbomen, maar verschillende gesprekken met de boekhandelaar c.q. vertrouwenspersoon blijken toch stukken vruchtbaarder.

De omzet blijft toenemen en het werk idem dito. We kunnen niet anders dan ons team uitbreiden. Op een gegeven moment staat er een jonge vrouw in de boekhandel die vraagt of wij toevallig een stageplaats voor haar zus hebben. Ik ontplof bijna. Haar zus! Kan die niet zelf komen? De zus blijkt een jonge vrouw met een lange, woeste haardos en diverse kledinglagen in alle mogelijke tinten zwart. Ze komt uit de zogenoemde laagopgeleide klasse en is als kind met haar ouders uit Polen naar Oostenrijk gekomen. Ze heeft de middelbare school niet afgemaakt en haar opleidingsplaats bij een andere boekhandel werd kort voor het eind van haar proeftijd beëindigd. Nu zit ze tegenover ons, gesloten en schuchter, en zegt dat ze niets liever wil dan in een boekhandel werken. Waarom weten we niet, maar we geloven haar. Ik heb wel gehoord dat sommige collega's in september een stagiaire aannemen, die ze na de kerstdrukte, dus nog net binnen de proeftijd van drie maanden, weer bedanken. Goedkope seizoenshulp. Zo is het bij de jonge vrouw gegaan die tegenover ons zit. Het pleit voor haar dat ze in de tijd dat ze werkloos was verder is gegaan met de vakopleiding en wij besluiten haar een kans te geven. Ze is nu al acht jaar bij ons, is in die periode zegge en schrijve drie keer ziek geweest en is te midden van alle hectiek vaak een onwankelbare rots in de branding. Ze heeft ons in eerste instantie niets verteld over haar tweede identiteit, dat zag ze kennelijk toch niet zitten. Twee keer in de week staat ze opvallend op tijd op en gaat ze er als een speer vandoor om te repeteren met haar deathmetalband, waar ze bassiste is. Ik doe het al meer dan veertig jaar zonder kennis van dit muziekgenre en daar heb ik geen problemen mee. De collega's blijken echter altijd naar haar concerten te gaan en daarom besluiten Oliver en ik ook eens kennis te maken met deze kant van onze medewerkster.

Een optreden op vrijdagavond ergens in wijk 7. Aanvang op zijn vroegst tien uur.

We parkeren in een zijstraat. Het regent pijpenstelen en we rennen de Lerchenfelder Straße in. Op het bewuste adres zit een bar met een paar spaarzaam bezette tafeltjes en een steile trap naar de kelder. Een van top tot teen in zwart leer geklede boom van een vent staat voor een gecapitonneerde deur en incasseert de entreeprijs van vijf euro. Als hij de deur voor ons opent word ik bijna omvergeblazen door de harde muziek. We bestellen met handgebaren bier en witte wijn en kijken in de halfvolle ruimte om ons heen. Op het podium staan vier potige kerels met schouderlang haar en verschillende muziekinstrumenten. De langste schudt met zijn verwarde haar en brult aritmische klanken in de microfoon. Zelfs de leden van het achtergrondkoor bewegen hun hoofd op en neer, het voltallige personeel van onze boekhandel staat in het publiek, wij knikken elkaar toe, spreken is onmogelijk. Plotseling staat zij voor ons. Ze staart ons aan, haar gezicht wordt lijkbleek. 'Shit, mijn bazen!' Ze valt ons om de hals.

Dan volgt het optreden van *Void Creation*. Het personage achter de microfoon is minstens twee meter lang. Onze medewerkster is de enige vrouw op het podium; vlak voor ze naar haar bas reikt om de eerste noot te spelen grijnst ze opgewekt naar het publiek en knipoogt naar ons. Alsof het een uitvoering op school is waar ze op de blokfluit een kerstliedje zal laten horen en eerst snel even naar papa en mama zwaait.

Terwijl ze onafgebroken met haar ongelooflijke haardos in het rond zwiept – dat heet headbangen, wordt mij verteld – denk ik aan haar doordeweekse identiteit, waarbij ze met een engelengeduld de moeders in onze winkel stripboeken met en zonder flappen laat zien, informatie geeft over glitterboeken over eenhoorns en aan komt draven met baby's eerste boekje over pony's.

Na drie kwartier houdt het lawaai op, onze oren tuiten en als we ver na middernacht met zijn allen in de bar aan het warme bier zitten, voelt dat eigenlijk helemaal niet verkeerd. Een medewerkster die in een heavy metal hol speelt; waarom eigenlijk niet?

Ik ben mijn hele leven al lid van een vakbond, al sinds mijn studententijd. Ik kom uit een ultraconservatief gezin. Mijn vader bracht het geld binnen en heeft nooit iets anders gestemd dan ÖVP. Mijn moeder was huisvrouw en heeft nooit iets anders gestemd dan mijn vader.

Ik heb altijd groen gekozen, eenmaal KPÖ en om strategische redenen ook vaak SPÖ, alsof mijn strategie iets aan de verbleekte politiek van de SPÖ zou veranderen. Ik was altijd betrokken bij de vakbond, bij de OR. Nu ben ik ondernemer en sta ik plots aan de andere kant. Welke kant eigenlijk? Als ik overweeg een medewerkster na haar proeftijd eerst een tijdelijk contract te geven wil ik het netjes volgens de regels doen en bel de Handelskamer op. Een vriendelijke meneer vertelt mij alles wat hij weet over tijdelijke arbeidscontracten en geeft gratis nog een goede raad: 'Zal ik u wat vertellen? Neem geen vrouwen onder de dertig aan. Die worden toch maar zwanger en dan heb je alleen maar gedoe.'

Ik bedank hem voor zijn advies en ben blij dat ik in mijn leven altijd werkgevers hebben getroffen die mij – jonger en ouder dan dertig, in mijn vruchtbare jaren, met een kind en dus duidelijk een kinderwens – een baan gaven.

In mijn schooltijd was ik vaak klassevertegenwoordiger en ook op de universiteit heb ik mij op het een-na-hoogste niveau politiek ingezet. Als kind wilde ik actrice worden of op zijn minst in het circus, toen ik studeerde mikte ik op een carrière als beroemde historicus. Wat ik in elk geval absoluut zeker *nooit* wilde worden was ondernemer en directrice. Toen kocht ik een boekhandel, haalde een bedrijfsvergunning op en was opeens ondernemer. Wat een merkwaardig woord. Ik onderneem iets, oké, dat is volkomen neutraal, maar in mijn politieke leven waren ondernemers altijd fanatieke voorstanders van een tien keer zo hoog salaris voor werkgevers als voor werknemers, omdat zij 'het risico dragen'. Ik associeer het woord 'ondernemer' altijd met de toenmalige chef van mijn vader, die ik weliswaar nooit heb ontmoet, maar die in mijn fantasie altijd een mix was van Dagobert Duck en Mr. Burns, de eigenaar van de atoomcentrale waar Homer Simpson werkt. Een opvliegend mannetje, die zijn ondergeschikten regelmatig zonder enige reden de mantel uitveegt en onvoorstelbaar veel geld heeft.
Oliver en ik dragen het volledige risico, wij maken minstens dubbel zoveel uren als onze medewerkers en vullen 'ondernemer' in op formulieren die een veld *Beroep* bevatten. Ik heb nog nooit iemand afgesnauwd, of er nou reden voor was of niet, en wij zijn ook niet verbluffend rijk. Toch hebben we een slecht geweten, omdat wij uit de inkomsten van het bedrijf meer naar onszelf overmaken dan wij onze medewerkers betalen. Het ligt ook ingewikkeld omdat we nooit van tevoren weten of het lopende boekjaar

daadwerkelijk positief zal worden afgesloten en of we het geld dat we ons hebben toegekend wel echt verdiend hebben. Toen ik nog in loondienst werkte wist ik de eerste van de maand al dat het ook deze maand niet zou lukken, maar mijn salaris was een vast gegeven, een bedrag waarop en waarmee je kon rekenen. Nu brengen wij aan het einde van iedere werkdag geld naar de bank, er gaan dagelijks vele tientallen bankbiljetten door mijn handen. We berekenen hoeveel we ongeveer nodig hebben en schrijven dat over van de ene rekening naar de andere. Zo simpel is het. Het eerste jaar waren de grote vragen telkens weer of er genoeg was omgezet om de huur te betalen en de salarissen uit te keren. Geven we het hele jaar geld uit dat we niet hebben? Kunnen we onze schulden terugbetalen? Ik vraag eens aan mijn man, de grote rekenaar die alles in statistieken zet en een bijna libidovolle verhouding met Excelsheets heeft: 'Als puntje bij paaltje komt, zijn we dan arm of rijk?' Hij kijkt mij even weifelend aan voor hij langzaam antwoordt: 'Dat weet ik nog niet. Maar rijk zijn we niet.'

En dan denk ik regelmatig aan mijn medewerksters die als geschoolde boekverkoopsters zijn ingeschaald volgens het cao-loon. Dat wil zeggen dat de boekverkoopster in theorie niet meer verdient dan de bakkersbediende aan de overkant. In de praktijk ook niet. Niets tegen bakkersbediendes, maar wat mag je verwachten van een goede broodverkoopster? Dat ze alle ingrediënten in een volkorenbrood kan opnoemen, dat ze weet waar het koren precies vandaan komt en hoe het gemalen wordt, hoe je zuurdesem maakt en hoeveel calorieën een croissant met of zonder jam heeft? Een goede boekverkoopster moet weten welke van de twintig voorradige reisgidsen uitgebreide informatie bevat over de stad Orlando, in welk literair tijdvak Georg Heym thuishoort, hoe de nieuwe Kehlmann eruit springt in vergelijking met Sven Regener, wat geschikt is als eerste leesboekje voor een kind dat halverwege haar eerste basisschooljaar is, enzovoort, enzovoort. Het is geen uitzondering dat mijn collega's de zoektocht naar vakliteratuur van mij overnemen, urenlang speurwerk verrichten naar detectives met lokale kenmerken die zich op een Caribisch eiland moeten afspelen, en vaak worden ze ook nog ter verantwoording geroepen als in een door ons verkochte wandelgids de richtingborden in het wild niet klopten. Een van onze kanjers scheept de klant af die een kinderboekje dat zij op vakantie in Spanje heeft gekocht door ons wil laten vertalen. Haar kleinkind spreekt tenslotte geen Spaans. 'Ik ook niet', antwoordt de collega. Beledigd verlaat de dame de winkel.

En dat alles voor een uurloon waar de meeste mensen zich voor zouden schamen om hun werkster mee af te schepen. In theorie kunnen we hun meer betalen, maar in de praktijk helaas niet. Ik heb elke dag last van mijn geweten omdat de vergoeding die wij hun geven in geen verhouding staat met hun kennis en prestaties en inzet. Dan heb ik het over kennis van literatuur over alle mogelijke onderwerpen, de correcte schrijfwijze van Engelse en Franse titels, geografische en politieke kennis, bezigheidsprogramma's voor eenzame ouderen, hulpvragen op alle denkbare levensterreinen zoals echtscheiding, kinderen met ADHD,

honden die niet zindelijk zijn – voor alles is een boek en wij zoeken dat op, met onze gratis adviezen op de koop toe. Hoewel onze boekhandel een onvervalst succesverhaal is, de omzet gestaag toeneemt en het altijd druk is in de tent, kunnen we maar een klein beetje meer dan het wettelijk minimumloon betalen. Wij maken ook nog steeds hetzelfde bedrag naar onze privérekening over als tien jaar geleden, wat omgerekend naar uurtarief feitelijk neerkomt op het minimumloon. Het scheelt dat wij van ons salaris geen boeken hoeven te kopen en dat de auto een belastingaftrekbare bedrijfswagen is; dat is een substantiele meevaller voor ons huishoudbudget.
Een en ander is waarschijnlijk alleen te verklaren met het woord *passie*. Je zou misschien ook 'waanzin' kunnen zeggen. Want het is toch niet normaal als je na een werkdag van tien uur en ongeveer tweehonderd boeken van allerlei genres te hebben naverteld, aan de keukentafel gaat zitten, enthousiast de catalogi van Rowohlt en Hanser naar je toetrekt en je verheugt op een nieuw boek van Auster of T.C. Boyle, alsof je niets meer op je nachtkastje hebt liggen. Het is een verslaving die ons allebei te pakken heeft en ook is overgeslagen op het kind, dat zich met dezelfde gretigheid op de aanbiedingen van de grote uitgevers van kinderboeken stort. Met vijf jaar kan de kleine eindelijk lezen en is ze niet meer op de krappe voorleestijd van haar ouders aangewezen. Er wordt gelezen en gediscussieerd. Het staat voor haar allang vast dat ze boekverkoopster wordt en ook zij heeft al iets van zendingsdrift over zich. Als een boek haar erg aanspreekt wil ze dat wij voor hoge

verkoopaantallen zorgen en wel aan iedereen die daarvoor in aanmerking komt. Met haar uitgesproken smaak is dat niet eenvoudig. Ze is een meisje, maar keurt principieel alles wat eruitziet alsof het speciaal voor meisjes is geschreven, geen blik waardig. Ze leest boeken die niet bepaald voor haar leeftijd bedoeld zijn en als ze zeven is heeft ze een voorkeur voor romans waarin het niet koek en ei is met de hoofdpersonen. Verhalen over scheidingen, patchwork [een mengeling van fictie en werkelijkheid], ingewikkelde vriendschappen. 'En heb je al wat verkocht?' is een dagelijks terugkerende vraag tijdens het avondeten. 'Tsja, het is lastig', antwoord ik. 'Telkens als ik vertel dat het over een meisje gaat met ouders die in scheiding liggen, laten de klanten me niet eens verder vertellen en zeggen ze dat ze dit niet willen kopen.'
'Waarom niet?'
'Omdat ze niet willen dat hun kinderen over scheiding en zo lezen.'
'Waarom niet?'
'Ze zeggen dat dat ver van hun bed staat en dat kinderen daar niet over willen lezen.'
'Maar de volwassenen lezen toch ook boeken die niets met hun leven te maken hebben?'
'Wat bedoel je?'
'Nou, die kopen toch ook detectives en gaan de volgende dag echt niet iemand doodschieten.'
Daar krijg ik geen speld tussen en ik mijmer erover hoe saai de literatuur zou zijn als iedereen alleen maar boeken zou kopen die een raakvlak met hun eigen leven hebben.

Zo ongeveer als: 'Ik ben administratief medewerkster, ongehuwd, ik werk elke dag van negen tot vijf en ik heb een kat. Ik wil een boek over mijn manier van leven.' Je wilt je toch in een andere wereld onderdompelen, je verlangt naar actie en avontuur; waarom zouden kinderen altijd alleen maar boeken willen lezen waarin ze hun eigen levenssituatie herkennen?
Het kind is nu dertien, ze leest alles wat lettertjes heeft en haar verkooptips zijn altijd een variatie op zinnen als: 'Cool boek, maar geef het niet aan iemand onder de veertien. Dit is al veel te gek.'

We kunnen ons geluk soms nauwelijks bevatten. We hebben in het wilde weg een boekhandel gekocht, met veel naiveteit en weinig geld ons leven op de kop gezet, en de winkel loopt in het eerste jaar al goed genoeg om de huur te betalen en iets te eten te kopen. En we zijn ook al een weekje op vakantie geweest. Oliver en ik zijn weliswaar constant oververmoeid, maar we weten precies hoe de ander zich voelt en gaan behoedzaam met elkaar om. Het lijkt erop dat onze dochter zich goed ontwikkelt, in elk geval na de wisseling van kinderdagverblijf. De particuliere katholieke Kindergarten met de mooie tuin vonden we toch te star. Het voelde niet goed toen onze dochter vertelde dat ze in rijen van twee door de tuin marcheerden en alleen bij hoge uitzondering, met 25° en in de schaduw, hun schoenen uit mochten doen. De alternatieve Kindergarten in Hamburg is alleen nog een vage herinnering. Daar was het vanaf 20° vaste prik dat de kinderen in hun blootje in de modder ravotten en dat ze 's middags in de bolderwagen mee naar het park werden genomen voor een picknick. Ze schijnt het niet te missen. Wij des te meer. We weten het nog al te goed en zijn niet blij met de strenge dagindeling van ons kind. Weer hebben we geen schijn van kans op een plek in de reguliere dagopvang, weer hebben we de aanmeldingstermijn gemist. De dichtstbijzijnde particuliere Kindergarten is een kleine vereniging met als bonus een Engelse native speaker. De lokalen zijn donker en de tuin is een zootje, maar de juffen en andere ouders zijn vriendelijk. De dochter bloeit op, ze zingt 'Head shoulders knees and toes' en 'Itsy bitsy spider' en zit uren bij de juf op schoot. Ze beklaagt zich alleen veel en vaak over het vegetarische eten.

Wij werken veel en tijdens de weinige uren dat we dat niet doen, proberen we de kleine een enigszins normaal gezinsleven te geven. *Schuldgevoel* is onze tweede naam. Vooral in december gebeurt het wegens de abnormale werktijden zelden dat we met elkaar aan tafel zitten. Ons enig kind, dat als enige probeert er een beetje regelmaat in te houden, is onze schoonmaakster.

Maar de dochter lijkt er geen trauma's aan over te houden, ze is vrolijk en onbevangen en zelfstandig, ze slaapt goed, doet het later ook goed op school en is niet moeilijker dan anderen. Sinds ze een boek heeft gelezen over een gezin dat een kind uit China adopteert, is ze erg in dat thema geïnteresseerd. 'Hoe gaat dat, een kind adopteren?'

'Dan neem je een kind dat geen ouders meer heeft op in je eigen gezin. En je zorgt ervoor alsof het je eigen kind is.'

'Kan iedereen dat doen?'

'Er wordt wel heel goed gekeken of het kind bij jou op de juiste plek is. Dat wordt uitgebreid onderzocht.'

'En jullie? Zouden jullie er eentje krijgen?'

'Waarschijnlijk niet.'
'Waarom niet?'
'Omdat wij allebei heel veel uren maken. Ze zouden niet geloven dat we genoeg tijd voor het kind hebben.'
'Ze kunnen het toch aan mij vragen? Met mij gaat het ook goed.'
En daarmee is voor onze dochter de adoptiekous af, en ziet ze gelukkig niet dat ik tranen in mijn ogen heb.
Het kind is inmiddels zo groot dat ze in elk geval in de adventstijd zelf haar zaken regelt, omdat ze weet dat ze op ons niet kan rekenen. Onze dochter is vrijmoedig genoeg zichzelf voor het eten bij de doktersvrienden uit te nodigen en een bevriende cabaretier, een verbluffende gourmetkok die tien huizen verderop woont met zijn gezin, staat ook in haar lijst met favorieten.
De laatste weken van december moeten we het hebben van de pizzaservice en de aardige Chinees van twee straten verderop, en van vrienden die er begrip voor hebben dat wij weinig zeggen, snel eten en er daarna als een speer vandoor gaan. Ik bedien vier klanten tegelijk, de telefoon rinkelt onophoudelijk, een collega en ik proberen elkaar te snel af te zijn bij de pakpapierhouder en opeens zie ik dochterlief naast mij achter de kassa staan. Is het nu alweer middag? Is de school nu al uit? 'Wat is er te bikken?' fluistert ze mij toe. 'Niets', fluister ik terug. Ze murmelt iets met Edith en verdwijnt. Tien minuten later huppelt ze door de winkel naar me toe en fluistert in mijn oor dat ze naar vrienden gaat. Hun moeder heeft nachtdienst en – anders dan ik – tijd om te koken.

Werken, werken en nog eens werken, en tussendoor halfbakken pogingen om het huishouden niet geheel en al te laten verslonzen. We wijden onze schaarse vrije tijd aan de kleine en het gebeurt niet zelden dat we de grote simpelweg vergeten. Er zitten vaak verschillende dagen tussen de telefoontjes met de zoon in Hamburg. Meestal overvalt mij midden in de nacht het besef dat wij een minderjarige zoon hebben die zonder ons in Hamburg woont. We hebben met hem afgesproken dat hij het schooljaar afmaakt en dan bij ons in Wenen komt wonen, en hoe sneller dat moment dichterbij komt, hoe Noord-Duitser en zwijgzamer de jongen wordt. Hij wil het liefst in Hamburg blijven, dat weet ik maar al te goed, maar hij is pas zestien en op die leeftijd kun je geen duizend kilometer van je ouders wonen; tenzij die geld hebben voor een duur internaat.

Dan is het zover, het schooljaar zit erop en conform afspraak verhuist de zoon naar Wenen. Hij is gegroeid, nog stiller dan anders, en eigenlijk had het me direct moeten opvallen dat hij veel te weinig bagage bij zich heeft. De rest van zijn spullen heeft hij in de kelder van vrienden in

Hamburg opgeslagen; alsof het niet lang zal duren voor hij daar weer naartoe gaat.
We hebben hem opgeven bij een Weens gymnasium en alles lijkt in orde. De directeur is allervriendelijkst en de klassenmentor cool en trendy, maar de zoon wordt steeds depressiever en stiller. Hij mist zijn vrienden, zijn vrijheid, zijn Hamburg. Ik snap het wel.
Als ik zeventien zou zijn en in Wenen niets te zoeken had, was ik ook veel liever in Hamburg. Alles aan Wenen is provinciaals, de politiek is om te huilen, de medescholieren zijn oninteressant, het Oostenrijkse dialect klinkt belachelijk.
Op het hoogtepunt van de kerstdrukte overrompelt hij zijn volledig uitgeputte en dus weerloze ouders met een uitgewerkt plan de campagne: Hij verhuist terug naar Hamburg en gaat bij zijn beste vriend wonen. Diens ouders weten dat al en hebben een kamer beschikbaar, omdat hun andere zoon een jaar in het buitenland studeert. Hij heeft de directrice van de school in Hamburg ook al ingelicht, en zij is graag bereid hem – ook halverwege het schooljaar – weer op te nemen. De kinderbijslag loopt gewoon door en het levert ook voor de ziektekostenverzekering geen problemen op als hij in het buitenland woont. Exacte berekeningen over de kosten die dit perfect ontworpen plan de campagne met zich meebrengt heeft hij paraat op een Exceloverzicht. Zelfs Oliver is onder de indruk. Mijn zoon, die niet op het idee komt naar de bakker aan de overkant te gaan als er geen brood meer in huis is, die nog nooit een vakantiebaantje heeft bemachtigd, wiens huiswerk eruit-

ziet alsof hij het toevallig in een container met oud papier heeft gevonden, schuift ons dit document onder de neus en praat als een adviseur van McKinsey bij een PowerPointpresentatie over een bedrijfssanering. En wij zeggen natuurlijk ja. Met veel pijn in onze buik en grote zorgen zeggen we ja. Het staat me nog te levendig voor de geest hoe het voelt als je zeventien bent en ergens voor honderd procent achter staat en je ouders hebt die er niet over peinzen dat goed te vinden, simpelweg omdat ze ouders zijn, aan de touwtjes trekken en sowieso lak hebben aan alles wat voor jou belangrijk is. Zulke ouders willen wij niet zijn, en daarom zeggen we ja. En ook omdat de situatie ons compleet boven het hoofd groeit.
Ik denk vaak aan de kleine, blonde jongen die ik veel te jong gekregen en in mijn eentje grootgebracht heb. Aan de eerste jaren in een kamer in een woongroep, waarin zijn bed pal tegen het mijne stond en hij alleen in slaap viel als iemand zijn hand vasthield. Hoe zelfstandig hij altijd was en hoe trots we op elkaar waren: ik op hem omdat hij zo veel snapte en hij op mij omdat ik een stoere, jonge mama was die uit eigenbelang niet aan hem hing. Met hoeveel gemak hij naar Hamburg was verhuisd toen ik Oliver had leren kennen, hoe snel hij zijn draai had gevonden in de voor hem ongebruikelijke situatie van een normaal gezinsleven met vader, moeder en kind. Ik moet aan onze bruiloft denken, waar hij in een iets te kleine outfit en veel te kort geknipt haar met ons poseerde op de stoep van het gemeentehuis en wel iets weg had van een Roemeens weeskind. Zijn eerste schooldag in Hamburg herinner ik

mij nog als de dag van gisteren: hoe we in alle staten met een vreemde ondergrondse in een vreemde stad naar een vreemde school reden. Hij deed het zo goed, hij heeft mij nooit iets voor de voeten gegooid. Terwijl het in zichzelf waarschijnlijk al een groot avontuur was en is om een zoon van mij te zijn.

Als wij 's avonds de deuren van onze boekhandel sluiten wil dat niet zeggen dat onze werkdag erop zit. Los van de goederenverwerking, de nabestellingen en boekhoudheisa waar het overdag niet van gekomen is, liggen er 's avonds ook mogelijkheden om de dagomzet een boost te geven: de boekentafel. Hoe meer boekentafels ik doe, hoe meer ik mij verwonder over het bizarre fenomeen *leesavonden*. Waarom keert een mens 's avonds zijn bank de rug toe om zich door iemand uit een boek te laten voorlezen? En dat ook nog eens op ongemakkelijke stoelen, bij lamplicht dat pijn doet aan je ogen en met middelmatige geluidskwaliteit. De après-wijn is doorgaans ook van mindere kwaliteit dan je thuis schenkt. Anders gezegd, niet alle schrijvers kunnen goed voorlezen. Er zijn natuurlijk uitzonderingen, Sven Regener of Roger Willemsen om er een paar te noemen, waar je urenlang naar kunt luisteren, zelfs als ze het telefoonboek van Düsseldorf voorlezen. En natuurlijk zijn er de grote auteurs die je een keer in levenden lijve gezien moet hebben als je al je leven lang fan van hen bent, maar die zijn op de vingers van één hand te tellen.

Omdat een voorlezing vooral zin heeft als de schrijver boeken verkoopt, mag een boekentafel natuurlijk niet

ontbreken en dat wordt in de regel aan een boekverkoper uitbesteed.
Aangezien boekentafelactiviteiten alleen in zeldzame gevallen geld in het laatje brengen en er een prijskaartje aan overuren hangt, liggen in ons bedrijf werkzaamheden in de avonduren meestal op het bordje van de chef of cheffin. Ik kost tenslotte niets. Daarom zit ik vele avonden per jaar in de tochtrijkste hoekjes van de meest smakeloze zalen achter een tafel met boeken en een geldkistje. Ik heb geen naam, geen aanduiding, ik ben *de boekentafelverkoopster.*
De boekhandelaar heeft haar winkel nog niet verlaten om zich achter een boekentafel op te stellen of haar positie keldert dramatisch. In mijn eigen zaak ben ik een competente gesprekspartner, de deskundige en de directrice. De meeste klanten prijzen zich gelukkig als ze door mij bediend worden. Maar als ik mij in het wild begeef, lees: achter een boekentafel in een hotel, galerie, foyer of noem maar op, dan devalueer ik tot een naamloos wezen, een onderdanige verkoopster. Keer op keer doe ik de interessante ervaring op dat ik bij lezingen waar ik achter de boekentafel sta, niet of pas in tweede instantie word opgemerkt. De boekentafel is als een muur tussen mij en de hoofdpersoon van de avond. Auteurs en uitgevers met wie ik kortgeleden op een feestje boeiende gesprekken had, lopen mij voorbij alsof ze me niet kennen. Als ik hen aanspreek en groet, kijken de meesten alsof ze in hun broek gepoept hebben. Niemand vindt het leuk erop betrapt te worden hoe ze met ondergeschikten omgaan.
Er zijn in onze beleving twee soorten boekentafels. De

populairste is de boekentafel bij lezingen die op een zogenoemd eindpubliek mikken: geïnteresseerde mensen, die hun favoriete auteur graag een keer persoonlijk willen zien, een bepaald boek ter plekke willen kopen en helemaal een goede avond hebben als het ook nog gesigneerd wordt. De andere presentaties zijn van het soort dat vrijwel uitsluitend wordt georganiseerd voor vrienden van de schrijver of zijn uitgever, voor de pers, voor boekverkopers of andere multiplicatoren, lees: mensen die eigenlijk geen interesse hebben voor het boek in kwestie, maar des te meer voor het evenement. Zij zullen in negen van de tien gevallen geen boek kopen. Bij zulke gelegenheden is de boekhandelaar een noodzakelijk kwaad, want er is tenslotte iemand nodig die zo veel mogelijk boeken aanlevert, ze ordelijk uitstalt en daarna alle sporen weer uitwist.
Op dat soort presentaties heb ik het meest te stellen met de gasten die niet begrijpen waarom ze niet gewoon een boek kunnen meenemen; ze zijn toch de beste jeugdvriend van de vrouw van de schrijver? Maar dat boek is van mij. Ik koop het van de uitgever om het in de boekwinkel of via de boekentafel door te verkopen. Ik kan het niet maar zo weggeven; dan betaal ik de prijs. Dat blijkt voor veel mensen een moeilijke redenering en soms moet ik echt overal ogen hebben om te voorkomen dat een boek niet simpelweg verdwijnt in een Prada-tasje waarvan de eigenaar zich snel uit de voeten maakt.

Een Oostenrijkse poplegende viert de publicatie van zijn memoires bij een beroemd, chique hotel in Wenen. Op de parkeerplaats steekt mijn ongewassen Dacia bestelautootje armoedig af bij de modieuze sportwagens en SUV's. Ik heb inmiddels de nodige ervaring opgedaan en parkeer zoals gebruikelijk bij de personeelsingang. Regel nummer 1: maak contact met andere ondergeschikten zoals huismeesters, technici, kelners; dan heb je kans dat ze je helpen de zware kratten met boeken te verplaatsen, je eventueel toegang geven tot een geheime overdekte parkeerplaats, dat ze je een keer iets te drinken komen brengen en je niet binnen vijf minuten na afloop van de presentatie eruit gooien en het licht uitdoen. Mijn collega en ik manoeuvreren met onze karrenvrachten door de feestende menigte, niemand doet een stap opzij om ons door te laten of doet een deur open, en we oogsten misprijzende blikken, omdat we met onze steekwagens en plastic wandjes het esthetische geheel ontsieren. Er is een vriendelijke ober die ons voorgaat naar de voor ons gereserveerde plek in het midden van de ruimte en ons daarna een glaasje witte wijn brengt. We hebben nog niet alles uitgepakt of de eerste boeken worden onder onze handen weggegrist. Ik zeg ontelbare malen: 'Wij zijn een boekhandel, deze boeken worden *verkocht*. Als u een presentexemplaar wenst, dient u zich tot de uitgever te wenden.'

Een niet meer zo jonge, ooit ongetwijfeld uiterst coole man met een kop grijs haar kijkt mij met uitpuilende ogen aan. 'U hebt vast geen idee wie ik ben.'

'Dat klopt.'

'Tussen 1985 en 1992 was ik haar percussionist! Kijk dan op bladzijde 234! Dat ben ik. Met foto.'

'Leuk.'
'Krijg ik nou een boek?'
'Ja hoor. Voor vijfentwintig euro zestig.'
Ik moet aan mijn vriendin Heidi denken, die jarenlang in de muzieksector heeft gewerkt. Daar is het heel gebruikelijk dat alle gasten op een releasefeestje een cd cadeau krijgen. Die wordt hun gewoon in de hand gedrukt. Maar wat gebeurt er met de waarde, de waardering? De cd-markt ligt volledig op zijn gat en dat is ongetwijfeld niet alleen te wijten aan de vele party's waar cd's worden weggeven, maar het helpt zeker ook niet.
Omdat we een moeizame verkoop zien aankomen lanceren we het gerucht dat de ster na zijn optreden zal signeren en verwisselen er toch een paar boeken van eigenaar. De mensen zijn niet minder beledigd dat ze gewoon moeten betalen, maar voor ze uitverkocht zijn... je weet nooit of je de legende ooit nog eens zult ontmoeten en of ze dan bereid is om te signeren.
De dame met de botoxwangen en het korte bontjasje gaat er beledigd vandoor nadat ze haar glas rode wijn op een van mijn boeken heeft gezet en mij een brede glimlach schonk. 'Hoe kom ik aan zo'n boek?' Ik heb de zin met 'boekhandel ... verkocht' ongeveer driehonderd keer gebezigd en ben het nu zat. Ik kan ook heel vriendelijk glimlachen. 'U kent het wel, dat oude spelletje... gelijk oversteken.'
Als de manager te kennen geeft dat de kunstenares te moe is voor een signeersessie, kijken wij meteen om ons heen naar de nooduitgang. Natuurlijk wil iedereen het boek doorbladeren en natuurlijk willen ze dat allemaal tegelijk.

‘Kunt u deze even voor me uit de verpakking halen?’, waarop tien boeken met sandwichvingers worden beduimeld en de onderkoning van de uitgeverij zijn glas op die stapel zet. De boekhandelaar kan niet-verkochte exemplaren uiteraard retourneren. Althans in theorie. In de praktijk luidt het antwoord van het distributiecentrum: ‘Wegens beschadigingen kunnen deze waren niet gecrediteerd worden.’

Boekentafel rond het thema ‘onderwijsbeleid’ in een Weens overheidsgebouw. De twee gereedstaande tafels zijn voor wijn en versnaperingen, dus wijk ik uit naar de garderobe. Praktisch toch? Kan ik gelijk mijn jas ophangen, wat me een fooi kost.
Boekentafel in de Volksopera. Een geliefde en lijvige Beierse acteur viert er zijn verjaardag met een cabaretprogramma. De marketingdame van de Volksopera wrijft zich in de handen. ‘Neem niet te weinig boeken mee want er zijn achthonderd kaarten verkocht.’ Ik bestel zo’n beetje alles wat er in de Oostenrijkse distributiecentra op voorraad is en sjouw verschillende volle dozen met boeken de foyer binnen, waar ik ze netjes uitstal. De zaaldeuren gaan open, de eerste bezoekers stormen langs de boekentafel de koude nachtlucht in. Ik vrees het ergste. Op een gegeven moment komt de ster naast mij zitten om boeken te signeren. De aanwezigen deponeren van alles voor zijn neus – programmaboekjes, toegangsbewijzen, lege briefjes – maar geen boeken. Die worden door een horde fotografen als statief voor hun camera’s gebruikt. Twintig minuten later

is het hele circus voorbij. Ik heb zegge en schrijve tien boeken verkocht. Minder dan een doos.

Natuurlijk willen wij boekverkopers boekentafels doen! We zouden moord en brand schreeuwen als de uitgeverijen ons zouden passeren en er zelf gingen staan. Een paar keer per jaar maken we zelfs winst op zo'n avond. En als ik begroet word, als ik een fatsoenlijk plekje ter beschikking krijg, als ik niet als een sluitpost behandeld word, doe ik ook het overige met plezier. Natuurlijk maak je ook leuke dingen mee, los van die paar boekentafels per jaar dat je in een paar uur een hele dagomzet draait. Bijvoorbeeld die avond met de bestsellerauteur, die na een geslaagd signeeruurtje de rest van het buffet achter de boekentafel met mij en mijn medewerksters deelt. Er zijn ook locaties waar het altijd heerlijk is om te zijn, of de verkoop nu mee- of tegenvalt. Dan denk ik aan de Weense 'Stadtsaal', waar iedereen ons graag ziet aankomen met onze boekendozen en waar we ons een deel van het team voelen. Of de *Hauptbücherei* aan de *Wiener Gürtel*, waar de leidinggevende van het personeel ons net zo hartelijk begroet als de auteursgasten. Onze kinderhand is snel gevuld. Boekverkoopsters zijn tenslotte weinig veeleisende wezens, die zich voor zo goed als alle onderwerpen interesseren. Boekentafels horen erbij, en als iemand de deur voor ons openhoudt, ons de kortste weg naar de lift wijst en ons niet in het achterste hoekje van de zaal wegdrukt, zijn wij al helemaal gelukkig. Een speciaal hoofdstuk in het boekentafelverhaal zijn de inschrijvingen van kerstboeken op scholen. We brengen een representatieve, op de basisschoolleeftijd afgestemde collectie kinderboeken naar verschillende scholen, waar we een ruimte toegewezen krijgen om ze uit te stallen. De kinderen krijgen twee dagen de tijd om in klassenverband met hun onderwijzeres de boeken te bekijken en een verlanglijstje te maken. Op de datum van de oudergesprekjes gaat een van de collega's naar de betreffende ruimte, meestal het lokaal voor handenarbeid, godsdienst of muziek, en neemt de bestellingen in ontvangst. De eerste jaren deed ik dat, gelukkig heeft Eva dat inmiddels van mij overgenomen en ze vindt het nog leuk ook. Vanaf de namiddag tot halverwege de avond komen er gestreste ouders binnen die de wachttijd tussen de klasselerares en de godsdienstlerares willen bekorten. Ze hebben ofwel hun kinderen op sleeptouw, die met stralende ogen hun lievelingsboeken aanwijzen, of ze hebben briefjes bij zich waar hun kroost de nummers van hun favorieten op heeft gekrabbeld. Op het moment dat ze binnenstappen weet ik al of ze boeken nuttig of overbodig vinden, of ze de boekverkoopster met haar uitstalling als een last of als een aanwinst beschouwen. Er is een druk geloop met belegde broodjes en eigengebakken koekjes voor het schoolbuffet, dat door leden van de oudervereniging wordt verzorgd. Vanaf zes uur wordt er Sekt geschonken. Dan is het opeens half acht, de bestelbriefjes worden bij elkaar geraapt en de boeken gaan terug in de dozen. Er zijn in Wenen maar heel weinig scholen met een lift, dus slepen we drie à vier volle kratten met boeken door het trappenhuis naar beneden en smakken ze in de auto. Ook wij hebben zo onze voorkeuren: voor scholen met een parkeerplaats voor de deur en behulpzame papa's, die meehelpen de kratten naar beneden te dragen!

De omzet van de boekhandel stijgt langzaam maar gestaag; reden om de eerste stagiaire na voltooiing van de vakopleiding in vaste dienst te nemen. Eva wordt aangenomen, de Poolse bassiste is in het tweede jaar en gezien de gunstige ontwikkeling kijken wij uit naar een nieuwe stagiaire. Er volgt weer een gesprek aan de keukentafel. De jonge, maar niet meer piepjonge vrouw tegenover ons is de dochter van een collega van een klant die lerares is. Ze heeft al veel geprobeerd in haar leven, maar het boekenvak is haar droom. Ik weet dat je referenties moet natrekken, een kandidaat een keer moet laten proefdraaien en er een nachtje over moet slapen. Maar waarom zou ik, als ik weet dat zij de juiste persoon voor deze plek is? Tactisch te werk gaan, bluffen en doen alsof ik nog vijf kandidaten achter de hand heb, is niets voor mij. We drinken onze koffie op en ze heeft de leerplek.

Vaak als ik wakker word met de gedachte zo meteen naar beneden te gaan, de deuren te openen, het bordje 'geopend' op te hangen en de ganse dag boeken na te vertellen, krijg ik de neiging de dekens weer over mijn hoofd te

trekken. Het nieuwtje is eraf, ik weet dat ik het kan en nog aardig goed ook, het is inmiddels routine en dat is een afschrikwekkende gedachte.
We zijn ondertussen zo professioneel dat we zoiets als een vroege dienst hebben ingesteld. Diegene start de computer op en opent alle programma's, activeert het betalingssysteem, ruimt het kinderhoekje op dat er nog net zo bijligt als het de vorige avond is achtergelaten, doet een schoonmaakrondje en checkt de voorraad. Meestal is dat ook het enige moment waarop je een paar woorden kunt wisselen zonder onderbroken te worden. Maar over het algemeen is iedereen op zijn beker koffie geconcentreerd, de handelingen worden geroutineerd uitgevoerd, veel tijd om te praten is er niet. Als de deuren opengaan en de draaizuilen nog op hun plek worden gezet, glippen de eerste klanten meestal al tussen de displays van diverse uitgeverijen door naar binnen. Het zijn doorgaans oudere mensen die vreselijke haast hebben en liefst om vijf over negen hun hele boodschappenlijstje al afgewerkt hebben. Vaak gaat het de hele dag zo door, er gaat geen minuut voorbij zonder klanten in de winkel. We krijgen tweemaal per jaar bezoek van de accountmanagers van uitgevers die ons de nieuwe uitgaven presenteren. Ze zijn goed op de hoogte van onze stijgende omzetten en verkopen ons boeken alsof hun leven ervan afhangt. En wij zijn makkelijke slachtoffers. We laten ons keer op keer enthousiast maken over nieuwe waargebeurde verhalen, mooie kookboeken, specifieke thema's en bibliofiele (dus exclusieve) uitgaven. Op die momenten vergeten we telkens weer dat onze boekhandel

maar veertig vierkante meter telt, en als een paar weken later de bestelde artikelen binnenkomen kijken wij elkaar met de handen in het haar aan, omdat we geen idee hebben waar we ze kwijt moeten. Geen muizenhol waar geen boek in gepropt is en omdat er in de boekenbranche uiteraard met kwantumkortingen wordt gewerkt, is het zinvol om goedlopende titels in grotere aantallen in te kopen: elf halen, tien betalen; drieëntwintig halen, twintig betalen; enzovoort. De praktische consequentie is dat onze keuken medio oktober verandert in een opslagplaats. In die tijd van het jaar ontvangen we toch geen gasten, behalve heel naaste vrienden voor wie wij het niet pijnlijk vinden om tussen de stapels dozen met boeken aan tafel te zitten. We razen dus tig keer per dag de wenteltrap op en neer, halen boeken, vullen kleine gaatjes op. 's Avonds hebben we loodzware benen. Ons huis ziet eruit als een uitleverdepot, alleen minder geordend.

Als we op een zeldzaam moment van rust in onze opslagplaats achter een bord spaghetti zitten, zegt Oliver: 'We moeten verbouwen.' Ik reageer niet direct. Ik ken mijn man. Voor hij een dergelijke zin uitspreekt is hij er weken mee bezig geweest, heeft hij de kosten waarschijnlijk al in overzichtelijke Exceltabellen uitgerekend en heimelijk in schetstekeningen uitgewerkt hoe het er na de verbouwing uitziet. Het blijkt nog ernstiger te zijn: hij heeft al met onze vriend de bouwtechnicus gesproken, ze hebben al bedacht welk muurtje eruit kan en hoe groot het kantoor wordt dat in onze tuin komt.

Opnieuw naar de bank voor een krediet. Onze adviseuse, die bij ons haar kookboeken en reisgidsen koopt, kent ons inmiddels. Ze weet hoe vol de winkel altijd staat en welke omzetten we dagelijks komen brengen. Geen enkel probleem dus, dat krediet. Ik zie op tegen een verbouwing, hogere schulden, meer werk, maar de twee mannen vormen inmiddels een geolied team. Olivers argumenten: de boekhandel ademt nu een gedateerde sfeer, het is klein en tamelijk donker, de klant loopt bij binnenkomst vrijwel meteen tegen de toonbank op waardoor hij niet makkelijk doorloopt om zelf te gaan snuffelen. Ongeveer zoals bij een kiosk of apotheek: je geeft aan wat je wilt, en de boekverkoper haalt het van boven of ergens uit het ingewand van een boekenplank. We hebben inmiddels het fenomeen scharrelboeken ingevoerd door nieuwe uitgaven tegen de muur op het tapijt te stapelen. De klanten vinden het vooralsnog schattig en blijven komen omdat we zo deskundig en vriendelijk zijn, maar op een gegeven moment – misschien al binnenkort – komt er een omslagpunt, gaan ze het rommelig, krap en niet-sexy vinden, en zullen ze massaal koers zetten naar de grote, hel verlichte zaken in de stad, of (nog erger) bij Amazon.com bestellen. Robert, altijd een man van weinig woorden, zegt alleen geruststellend: 'Maak je geen zorgen, ik regel dat.'
Er worden plannen gemaakt en kostenramingen gepresenteerd, en andermaal blijkt dat ik geen talenten heb om door dingen heen te kijken. Wat, moet die hele muur eruit? Die draagt het hele huis. Wordt het kantoor verkoopruimte en wordt een deel van de woning kantoor? Op

enig moment valt het woord 'wenteltrap'. Helaas vangt de dochter dat op. De enige mogelijkheid om uit te breiden is de huidige kantoorruimte bij de winkel te trekken door het tussenmuurtje te verwijderen. Helaas komt in die ruimte de wenteltrap uit, die naar het portaal van onze woning voert. Als we die ongemoeid laten, staan de klanten na de verbouwing in onze keuken en als ze omhoog kijken zien ze mij in pyjama door het huis stiefelen mocht ik eens een vrije dag hebben. Jammer van die nostalgische, gietijzeren trap, maar de bouwtechnicus heeft natuurlijk gelijk. Onze dochter denkt daar anders over. Die trap moet blijven, anders gaat zij de deur uit, weer naar het kleine huis op de Schafberg. Zonder wenteltrap heeft haar leven geen zin meer, ze zal gruwelijk eenzaam zijn met wij beneden, zij daarboven, hoe durven we het in ons hoofd te halen. Een voorproefje van de puberteit, geënsceneerd door een meisje van zes. We laveren behendig om het onderwerp heen; ik zie al voor me hoe ze zich aan de spijlen vastketent om de sloop te verhinderen, we hebben haar te vaak naar *Barbapapa bouwt een huis* laten kijken.
De golven van opwinding komen tot bedaren, want nu moeten we een bouwvergunning zien te krijgen. Eerst voor de nieuwbouw op de binnenplaats, die immers ten koste gaat van de plaats waar de afvalbakken staan, vervolgens voor de interne verbouwing, waarbij een draagmuur wordt afgebroken, en dat moet eerst op allerlei niveaus doorgerekend en goedgekeurd worden. Robert dient de plannen in en dan is het afwachten geblazen. Dat duurt zo lang dat de dochter het wenteltrapdrama vergeet en

zelf denk ik ook nog maar zelden aan de mogelijke verbouwing. Tot deze van start gaat. Er wordt een klein huisje op onze binnenplaats gestationeerd en dat wordt ons nieuwe kantoor. Robert houdt woord: hij regelt alles, wij hoeven niets te doen en de boekhandel krijgt er niets van mee. Wij komen zo nu en dan eens kijken en als we ons proberen voor te stellen hoe het er straks uitziet, zijn we in de wolken. Extra ruimte, efficiënt ingericht met genoeg bureaus en stopcontacten, archiefkasten en een in hoogte verstelbare tafel, zodat je niet steeds je rug verrekt bij het uitpakken van de dozen met boeken. Als het gebouwtje klaar is moeten we opnieuw geduld oefenen, omdat alles eerst goed moet drogen voor we met de binneninrichting verder kunnen, en de vergunning voor de volgende etappe is er ook nog niet.
Dan komt er een telefoontje uit München. Een dame vraagt naar Oliver, die met de telefoon naar achteren verdwijnt en mij als hij terugkomt toefluistert dat ze hem een baan hebben aangeboden. 'Ze' is een grote Duitse uitgeverij met een dependance in Wenen. De zeer ervaren bedrijfsleidster heeft haar licht opgestoken en haar oog op mijn man laten vallen. Nachtenlange discussies en afwegingen. De job spreekt hem aan, het werk lijkt veel op wat hij in Hamburg en dus zijn vorige leven heeft gedaan, toen hij elke ochtend in pak met stropdas en aktetas naar kantoor ging. Toen hij nog manager was en geen boekhandelaartje in spijkerbroek en met vuile handen. Ik snap hem wel. Als ze mij een baan zouden aanbieden hapte ik waarschijnlijk ook toe. Oké, niet in alle gevallen natuurlijk, ik zou nooit bij

een lawaaierige binnendienst kunnen functioneren, maar als ze mij een functie als literatuurrecensent bij een krant of programmamaakster bij het Literaturhaus zouden aanbieden, zei ik ook geen nee. Maar dat doen 'ze' niet dus ik blijf boekhandelaartje, maar ja stoppen zou ook zonde zijn nu ik het idee heb dat ik het echt wel in de vingers heb en niet meer doe alsof. Het aanbod dat Oliver krijgt heeft natuurlijk ook een interessant financieel aspect. Niet dat uitgeverijen zo waanzinnig betalen, de salarisschalen liggen aan de onderkant van de branche, maar veertien keer per jaar een vast bedrag en vijf weken vakantie klinkt beslist aanlokkelijk. Ook met het oog op dat huisje in het Weinviertel dat wij deze zomer ontdekten en waar we op slag verliefd op werden. Eigenlijk rechtvaardigden onze inkomens geen verdere kredieten, maar wij zijn er goed in om dingen waar we enthousiast over zijn van alle kanten goed te praten en dus hebben we toegeslagen. Het gevoel om slechts een dun wandje van je werk verwijderd te wonen heeft niet alleen goede kanten en daarom veroorloven we ons een bescheiden toevluchtsoord op het platteland. Af en toe een weekend weg zonder grootse plannen, een beetje in de tuin rommelen, op een plek zijn waar niemand je kent en niemand naar je omkijkt. Bij de bank zagen ze andermaal geen enkel probleem, de zaken gaan tenslotte goed en het huisje in het leeglopende Weinviertel kostte minder dan de leaseauto van Olivers vroegere baas.
Het blijft natuurlijk niet bij een kredietadvies. Het houtwerk moet geschilderd worden, de dakgoten lekken en bij de laatste storm zijn de nodige pannen van het dak

gewaaid. Notoir geldgebrek dus, en je weet ook niet hoe de boekhandel zich ontwikkelt, en zoals Oliver en ik de wezenlijke beslissingen in ons leven altijd voortvarend en vanuit onze onderbuik genomen hebben, deden we dat ook in deze situatie. Een baan aanvaarden in wijk 4 is tenslotte minder ingrijpend dan een spontaan huwelijk en hals over kop met een kind naar Hamburg verhuizen, per ongeluk een boekhandel kopen en met een kleine naar Wenen gaan. Ik voel dat hij dit wil en dat het goed voor hem is en daarom nemen we het gezamenlijke besluit dat hij het doet.

Wat natuurlijk betekent dat wij weer op zoek moeten naar personeel, want het werk van twee man verrichten kan ik echt niet. Ik herinner me dat wij op de verjaardag van het buurmeisje aan de overkant bij hen in de tuin zaten en dat ik daar een jonge vrouw heb ontmoet die boekverkoopster was. Veel weet ik niet meer over haar, behalve dat ze geestig is en een dochter heeft die net zo oud is als de onze. En dat ze in een boekhandel werkt waar ze met haar literaire voorkeuren niet geweldig uit de voeten kan wegens conventionaliteit; van de boekhandel, niet van haar.

Haar telefoonnummer is snel georganiseerd en ze weet zich mij ook nog te herinneren. 'Wil je bij ons komen werken?'

'Zomaar?'

'Nee, niet zomaar. Serieus. Zeg op en ga bij ons aan de slag!'

Ze vraagt een dag bedenktijd en belt mij de volgende ochtend. Godzijdank zegt ze ja.

Zo komt Anna bij ons in de winkel, de enige collega die niet bij ons in de leer is geweest, maar die alles al kan, omdat ze vanaf haar zestiende in het vak zit. Ze is iemand die alles ziet, alles onthoudt en in elk geval meer kaas van dit werk heeft gegeten dan ik. Natuurlijk druk ik het stempel op onze winkel en staat het succes beslist niet los van mijn persoon, maar nu hebben we er iemand bij die dit al veertien jaar doet. Anna is competenter dan ik, maar ik ben haar baas, die uiteindelijk de beslissingen neemt. Het voelt apart. Tot nog toe had ik leerlingen: leergierig en flexibel. We gingen vaak gelijk op in het vermeerderen van onze kennis. Nu is er ineens een medewerkster die heldere ideeën heeft over hoe het zou moeten, die het klappen van de zweep kent en die de meeste zaken kan dromen. De eerste weken draaien wij redelijk voorzichtig om elkaar heen. Ik vind dat we het allebei uitstekend doen.

Dan, als niemand er meer op rekent, valt er een positief bouwbesluit en mogen we na een wachttijd van bijna een jaar aan de verbouwing van de boekhandel beginnen.
Robert en Oliver hebben goed over de aanpak nagedacht, want we kunnen de winkel niet zomaar een paar weken sluiten voor een verbouwing. Daar is in de begroting geen rekening mee gehouden en daarom pakken we in het weekend de helft van de boeken in kratten, slaan die op in het trappenhuis en maken een wand vrij van stellingen. Daar wordt een zogenaamde stofwand van spaanplaat voor gezet, waar de stellingen weer tegenaan geschoven worden en gevuld met de boeken. Het winkeloppervlak is nu nog

maar dertig vierkante meter en ik moet onwillekeurig aan het kinderboek *Hutje mutje* van Axel Scheffler en Julia Donaldson denken.

Wat heerlijk dat mijn man iedere ochtend in zijn chique pak naar kantoor gaat, want nu komen de bouwvakkers. Ali, de voorman, Yusuf en Dragan, de bouwlieden, Fasgavic, de elektricien, een monteur uit Karinthië en een timmerman uit Stiermarken. Er zijn nu twee territoria: een aan de voorkant van de stofwand, waar wij proberen te doen of er niets aan de hand is en we een heel gewone boekhandel zijn, en aan de achterkant van de stofwand, waar drie sterke mannen met zwaar materieel een 70 centimeter dikke muur proberen om te duwen. Aan de voorkant zwaait Anna de scepter, ik spring tussen de twee werelden heen en weer. Het lawaai is oorverdovend. Je verstaat jezelf niet eens, laat staan de klanten. Geen idee waarom die stofwand zo heet, want de stofwolken verspreiden zich frank en vrij door rest van de winkel en dwarrelen niet slechts bij uitzondering op een klant neer die in gedachten verzonken voor een stelling met boeken staat. Er is nu geen verbindingsstuk meer tussen de winkelruimte en het kantoor, wat betekent dat degene die in het nieuw gebouwde optrekje aan het werk is, volledig afgesloten is van de anderen. Het betekent ook dat als iemand iets uit het kantoor nodig heeft, zij de deur uitstormt en er achterom via het trappenhuis naartoe racet. Als het kind op een mooie zomerdag tot in de avond met vrienden in het zwembad ligt, wordt de wenteltrap los gemonteerd en in zijn geheel op de binnenplaats gedeponeerd. Het is een treurige aanblik, dat vind ik zelfs, en 's avonds huilt de dochter zich in slaap. Het eerste grote verlies in haar leven was niet de verhuizing uit het grote huis in Hamburg, niet de wisseling van Kindergarten, niet het afscheid van opa en oma toen die na de vakantie weer naar huis gingen, maar een massief blok oud schroot; dat is de aanleiding voor het eerste grote rouwproces in het leven van onze dochter.

Ik ontdek een nieuwe vaardigheid die tot dan toe onopgemerkt in mij sluimerde: het gemak waarmee ik met werkvolk omga. Omdat er geen heer des huizes aanwezig is moet men het met mij doen en na een paar dagen voorzichtig aftasten gaat dat uitstekend. Robert introduceert mij als 'de bouwheer die een dame is' en 'cheffin' en plotseling word ik door iedereen respectvol zo aangesproken. Achter die stofwand voelt het plotseling helemaal goed om cheffin te zijn. 'Kom even kijken, cheffin, waar mag het stopcontact?' 'Cheffin, waar moet de deur precies?' De rustige, vriendelijke Robert wordt de belangrijkste man in mijn leven. Zijn snelkiesnummer staat al snel op eenzame hoogte in mijn recente geschiedenis, alleen zijn stem boezemt al rust in tijdens de ontelbare telefoontjes die ik dagelijks met hem pleeg. Ik weet dat alles goed gepland is, maar we hebben zorgelijk weinig speling, en als er iets misgaat moet ik het opmerken. Ik ben tenslotte de enige die er de hele tijd is.

'Robert, ze hebben een gat in de muur gehakt.'

'Welke muur?'

'Die tussen het kantoor en het nieuwe gedeelte van de boekhandel.'

'Hoe groot?'

'O, ongeveer tien centimeter.'

'Waar precies?'

'Ongeveer twintig centimeter boven de grond.'

Op dit soort gesprekken volgt steevast een van deze drie antwoorden:

'Dat is in orde.'

'Geef me Ali even.'

'Ik ben over tien minuten bij je.'

De weg gesloopte wand was een dragende muur waar het hele huis op rustte en we zijn constant alert op scheuren in de muren van keuken en eetkamer. Er zijn drie provisorische stutpunten aangebracht die alles op zijn plek moeten houden tot er een ijzeren geraamte voor in de plaats is gekomen. Ali, Yusuf, Dragan en ik worden hechte kameraden. 's Morgens zet ik koffie voor de hele meute, Ali laat foto's van zijn kinderen zien en zelfs de dochter heeft zich bij de moord op haar wenteltrap neergelegd en kwebbelt vrolijk mee als ze uit school komt. Dan wordt het geval geleverd, een staalconstructie van drie meter hoog, vier meter lang en 2.977 kilo zwaar, en omdat onze bouwplaats geen joekel van een huis betreft maar een krap achterkamertje, is er geen kraan of iets dergelijks die het gevaarte op z'n plaats kan manoeuvreren. De drie bouwvakkers doen het dus handmatig met behulp van een primitief katrolletje en ik sta zulke angsten uit dat ik er niet naar durf te kijken. Hun gesteun en hun uitroepen zijn natuurlijk luid en duidelijk hoorbaar aan de boekhandelkant van de stofwand en ik doe heimelijk een paar schietgebedjes dat de mannen niets overkomt. Altijd als ik word overvallen door het gevoel dat ik een zwaar leven heb, ga ik snel even naar achteren en werp een blik op de vuile, bezwete bouwvakkers; dan vind ik dat ik toch eigenlijk wel een makkelijk en prettig baantje heb.

In de eerste schoolweek na de zomervakantie moet alles klaar, schoongemaakt en ingeruimd zijn, en omdat er in de boekhandel zelf ook meteen het nodige wordt aangepast, komen we er niet onderuit de winkel drie weken dicht te doen. Nieuwe leidingen, een nieuw plafond, nieuwe verlichting, nieuwe aankleding van de afdeling kinderboeken: drie weken is echt ambitieus. Alles is zorgvuldig en gefaseerd gepland, dus als ook maar één ambachtsman niet op het afgesproken tijdstip verschijnt, betekent dat vertraging voor iedereen die na hem komt. Dus ik heb drie weken vakantie! Dat is de eerste keer in vier jaar dat ik meer dan vijf dagen achter elkaar vrij ben. Twee weken zijn echt vakantie, de derde week is bestemd voor de herinrichting van de winkel. Stel je voor. Drie weken geen klanten, geen deuren die 's morgens open hoeven, geen kwitanties voor vakliteratuur uitschrijven, geen boeken navertellen. Dat ik per dag minimaal twintig keer met Robert en Ali bel om beslissingen te overleggen die ik in mijn eentje lastig vind, telt niet. Het huisje op het platteland is inmiddels zo bewoonbaar (wanneer hebben we dat eigenlijk gedaan?) dat we besluiten een paar dagen de stad uit te gaan. We spreken een plek in het trappenhuis af waar de diverse bouwvakkers de sleutel neerleggen en weg ben ik. Maar hoe weet de elektricien dat hij niet naar binnen mag omdat de parketvloer net in de was is gezet? Hij komt er wel achter. Want Robert is er. Robert, altijd bereikbaar, nooit gestrest, niet van de wijs te brengen door hysterische bouwcheffinnen. Hij is de spin, het Weinviertel is het web vanwaar ik de bouwplaats coördineer, want Robert heeft tenslotte nog meer klussen lopen, grote, waar hij ook nog mee verdient. Als ik een keer vergeet een bouwvakker te bellen om groen licht te geven voor de volgende fase, word ik aan een vredig ontbijt onder de parasol door twee paniekerige bouwvakkers opgebeld. Ik probeer alles glad te strijken, daarbij geholpen door niet altijd even constructieve voorstellen van mijn echtgenoot. 'Nou ja, dan redden we het niet in twee weken, maakt niet uit', steekt hij met opgetrokken wenkbrauwen onder de gordel, en lepelt kalm zijn zachtgekookte ei naar binnen.

Gegeneerd zwijgen aan tafel, de schoonouders uit Duitsland die op bezoek zijn onthouden zich van commentaar, maar dat helpt niet meer. Ik pak mijn halflege mok met koffie, gris in het voorbijgaan ergens een boek vandaan en verdwijn in onze slaapkamer. Ik ga op bed liggen en ben niet van plan er weer uit te komen. Nooit meer. Ik blijf binnen deze vier muren, speel niet meer met het kind, ga geen meter meer wandelen met de grootouders en bovenal: ik bemoei mij niet meer met bouwplaatsen. Dat is sowieso mannenwerk, opa en oma zijn zijn ouders, de dochter is

eigenlijk ook meer een papa's kind, en koken kan hij ook al beter dan ik.
Geloof het of niet, maar dit is onze eerste huwelijkscrisis en die is niet echt spectaculair te noemen; eerder ingehouden stil. Oliver is tactisch genoeg om de ouders op paddenstoelenzoektocht het bos in te sturen en met het kind naar de bioscoop in de stad te gaan. Na een paar honderd pagina's in een Zweedse thriller laat ik me overhalen uit bed te komen. Robert heeft de problemen op de bouwplaats inmiddels opgelost en Oliver heeft spaghetti gemaakt. Het is meteen nog maar half zo erg dat wij niet, zoals anderen, naar Zuid-Frankrijk op vakantie kunnen. Ik heb een boekhandel!
Natuurlijk lukt het Robert en zijn hulptroepen de vertraging in te halen en we hebben exact een weekend om alle boeken weer in te ruimen. Al onze vrienden hebben ofwel weekenddienst of ze zijn op vakantie, en de wanhoop slaat toe. Om die stemming te keren ga ik met de dochter een ijsje eten en in de salon loop ik, zoals overal waar ik kom, klanten tegen het lijf. Zij is apotheker, hij is arts in traditionele Chinese geneeswijzen, ze hebben een neus voor vertwijfelde mensen en besluiten spontaan om die middag niet naar het zwembad te gaan, maar samen met ons de boekhandel weer in te richten. Oliver kijkt enigszins geïrriteerd als ik met hen kom aanlopen, maar inmiddels is hij er wel aan gewend dat ik nooit nee zeg als er hulp wordt aangeboden.
Laat op de zondagavond zijn we klaar, het laatste boek staat in het schap, alles is schoon en op orde. De plafon-

nières werpen hun goudgele schijnsel op het grondoppervlak. We zijn kapot en we zijn trots, en de gedachten aan het krediet dat we de komende tien jaar moeten afbetalen duwen we ver weg.
Als er een paar weken later een oudere dame binnenkomt die een vluchtige blik om zich heen werpt en vraagt: 'Hebben jullie de inrichting veranderd?' moet ik me inhouden om niet keihard te roepen: 'We hebben een lening van zes cijfers afgesloten, we hebben de hele zomer stof gehapt, met oordopjes in gewerkt en nu zijn er mensen die nauwelijks verschil zien?!' 'Nee, we hebben gestofzuigd', mompelt Eva, en als de klant haar biezen gepakt heeft krijgen we allemaal een hysterische lachbui.

Dankzij de verbouwing kunnen we een paar van die absurde hoekjes afschaffen en een paar heuse 'afdelingen' creeren. Ook de stapels op de grond langs de muur behoren tot het verleden, we hebben een fatsoenlijk meubelstuk laten aanrukken – dat wij liefkozend 'de sarcofaag' noemen – waarop we de nieuwe uitgaven uitstallen en we merken dat de klanten, na aanvankelijke aarzeling, ook graag zelf tussen de boeken snuffelen, flapteksten lezen en zelfstandiger hun keuzes maken. We hoeven niet meer voor elk boek de hele zaak te doorkruisen en elk verhaal van begin tot eind uit de doeken doen, en dat is een stuk relaxter voor iedereen.

Het blijkt dat de tamtam inzake onze grotere ruimte snel de ronde heeft gedaan, want als de feestdagen naderen komen er nog meer klanten in de winkel dan anders. Van negen tot zes ziet het zwart van de mensen die er blijkbaar niet mee zitten dat ze in de rij moeten staan, dat we maar één kassa hebben en dat er van privacy geen sprake is. Iedereen krijgt mee wat de ander koopt en het gebeurt meer dan eens dat wij iemand iets over een boek vertellen wat anderen weer opvangen en het dan ook willen hebben. Klanten raken met elkaar in gesprek, bevelen over en weer boeken aan, en als de knappe mevrouw L. door een kookboek bladert waar de *chef de clinique* ook zijn oog op heeft laten vallen, stel ik voor dat ze het enige exemplaar gezamenlijk aanschaffen. Hij kijkt ietwat beteuterd als hij hoort dat mevrouw L. getrouwd is en vier kinderen heeft. Sommige klanten nemen regelmatig chocola en zelfgebakken koekjes voor ons mee, andere komen zaterdags op de terugweg van de markt met fruit en bloemen en soms een flesje wijn voor ons binnen. Op enig moment is Eva's moeder bij ons aan het werk gegaan, die dertig jaar huisvrouw en moeder was voor ze op haar zestigste bij ons haar eerste baantje heeft aangenomen. Ze houdt het archief bij, doet nieuw folie om boeken die uit de verpakking zijn gehaald en in de decembermaand verpakt ze duizenden boeken in kerstpapier. Last but not least: een keer per week maakt ze een pan aardappelgoulash waar we met ons allen van kunnen eten.

Ons grootste probleem in de kerstdrukte: we verkopen te veel op te weinig vierkante meter. Dat betekent simpelweg dat we op een dag zoveel boeken verkopen waarvan we maar een of twee exemplaren in huis hebben, dat we ze onmiddellijk moeten nabestellen. De drie leveranciers dragen dagelijks manshoge stapels boeken naar binnen, die dan samen met de bestellingen van de klanten verwerkt en geordend moeten worden. Dat proberen we op de ene of andere manier overdag te doen, maar als Oliver 's avonds thuiskomt is de stapel zelden zichtbaar gekrompen. Dus staat hij avond aan avond tot middernacht in de achterkamer en luistert naar hoorspelen van Thomas Mann of Heimito von Doderer terwijl hij boeken uitpakt. Ik heb het privilege mijn werkdag om zeven uur af te ronden, omdat ik mijn hoofd er de volgende dag weer goed bij moet hebben, ontelbare boeken moet samenvatten en dat fris en vrolijk moet doen. Deze decemberavonden zijn de enige in het jaar dat ik blij ben met vijfendertig tv-zenders die alleen maar programma's uitzenden die nergens over gaan. Dat, en een paar glazen rode wijn, zorgt ervoor dat ik halverwege een uitzending zonder oorsuizen in slaap val en me dus niet de hele tijd blijf afvragen voor welke klanten ik welk boek vergeten ben te bestellen.

Als er twintig mensen tegelijk voor onze neus staan die allemaal meteen aan de beurt willen zijn en niet op hun beurt kunnen wachten, maar wel persoonlijk advies wensen, komen we pas echt in topvorm. Op zo'n moment ons gevoel voor humor verliezen mag in geen geval. Want dan komt het niet meer goed en zijn we geneigd ter plekke het bijltje erbij neer te gooien. De meeste klanten zijn geduldig genoeg, ook als ze moeten wachten. Niemand die zich ooit bij ons verveelt. Los van alle interessante boeken waar

je niet eens naar op zoek was, is het hier meestal net een film. Onze zaak is geen sacraal heiligdom van de schone kunsten, maar een plek waar geschetterd en gelachen wordt en waar we elkaar over de hoofden van de klanten titels toeroepen, niet zelden vanaf een positie op de ladder.
'Waar ligt het werk van Nöstlinger?'
'Is de *Bernsteinhase* alweer nabesteld?'
'Heb je de partij *Millionärs* aangevuld?'
'Zijn er nog gesigneerde *Kehlmanns*?'
'Weet iemand wie er vorige week bij het ontbijt in de Stöckl te gast was?'
Als iemand toch moeilijk doet omdat het bij ons zo lang duurt, lost de situatie zich meestal vanzelf wel op. We hoeven zelf niet eens iets te zeggen, want de andere klanten beginnen te lachen en het standje ongeduld zet zichzelf te kijk. We weten vaak niet of we moeten lachen of huilen als iemand zich voor de toonbank posteert en vraagt: 'Ik heb gisteren een boek besteld. Is dat al binnen?' Geen naam. Geen titel. Alleen dit. Bij driehonderd bestellingen per dag is dat echt een utopie. Soms zijn mensen echt gebelgd als we een wetenschappelijke uitgave van twee jaar oud niet op voorraad hebben. Maar de meeste klanten zijn enthousiast omdat we zo veel hebben en bijna alles tevoorschijn kunnen halen, ook als ze af en toe even moeten wachten. Als een bepaald boek volgens het systeem op voorraad is maar niet staat waar het zou moeten staan, zoekt al het personeel mee, en vaak ook de klant, tot het getraceerd is. Meestal is het onze jongste bediende, door ons liefkozend 'truffelvarken-

tje' genoemd, die het vindt. Ze zoekt de omslag op in de computer, klimt dan doelbewust en meestal zonder iets te zeggen een ladder op en trekt het bewuste boek van de plank.

Elk jaar val ik op 23 december van pure blijdschap op mijn knieën, omdat het bijna voorbij is en we de volgende dag naar ons huisje op het platteland gaan. Vertrek: 24 december om 15.22 van het Franz-Josefs-Bahnhof. Wat was het een goede beslissing om dit plekje te kopen, en wat was het een goede beslissing om met twintig jaar te bevallen van een zoon, die inmiddels zo groot is dat hij zijn rijbewijs heeft en het weer leuk vindt om kerst te vieren met zijn ouders. Oftewel, hij laadt op 23 december zijn kleine zusje, de hond, de kerstcadeautjes en het eet- en leesvoer voor een hele week in onze bestelwagen en rijdt naar het Weinviertel. Wij sluiten op de avond van 23 december de winkel af, ruimen het aller nodigste op (we zorgen ervoor dat alle boekenplanken weer vol staan) en gaan dan uit eten in het restaurant van onze vriend Georg, twee straten verderop. Dat is waarschijnlijk de mooiste dag van het jaar, al dringt dat nauwelijks tot ons door, omdat we zo door en door gaar zijn. We eten overheerlijk, drinken veel te veel en gaan veel te laat naar bed, maar: morgen is het voorbij! Gedurende de laatste vijf uur van de dag voor kerst domineert één groot 'doet er niet toe gevoel': er komen geen artikelen meer binnen, althans die worden niet uitgepakt. En de klanten die zich nu nog in de winkel wagen zijn bescheiden en nederig. Echte wanhoopshoppers, die er niet van uitgaan dat ze het boek van hun dromen nog kunnen krijgen. Niets geen: 'Wat? Is dat niet op voorraad?' of 'Bij Amazon kunnen ze het meteen leveren'. De 'kerstavondklanten' zijn per definitie dankbaar en nemen wat er is. Komen ze voor een boek over de bergen, dan blijkt een boek over fietsen ook een goed idee en een kookboek is een prima alternatief voor een biografie. Waar het om gaat is dat er kerstpapier omheen komt.

Om 13.00 uur gaan we dicht, de collega's die geen kinderen hebben en dus moeten werken geven een luide brul, we vallen elkaar om de hals en hangen met veel schwung het bordje *gesloten* op de deur. Er wordt een fles champagne opengetrokken, we delen cadeautjes uit, en dan verlaat iedereen in de hoogste versnelling het pand waarin ze de laatste weken het grootste deel van hun tijd hebben doorgebracht. Oliver en ik rennen naar het station en slaan bij het fastfoodrestaurant iets te eten en een grote mok koffie naar binnen. De trein is Wenen nog niet uit of ik lig met mijn hoofd op de schouder van mijn man te slapen.

Op het station in het Weinviertel staan onze kinderen met de hond, het is koud en al bijna donker, maar het licht straalt ons tegemoet uit de ramen van het kleine huis en in beide kachels brandt een vrolijk vuur. Het huis is niet perfect aan kant en de kerstboom is alleen aan de voorkant versierd, want de kinderen waren tenslotte hartstikke druk: *twee* Harry Potterfilms om te bekijken.

We eten lasagne, die niemand zo lekker kan klaarmaken als mijn zoon. Een hazenslaapje op de sofa, de hond uitlaten, de pakjes onder de kerstboom uitpakken, eten, spelletjes. En iedere vijf minuten knijp ik in mijn arm en denk:

Morgen hoef ik echt niet naar de winkel. Morgen hoef ik geen roman samen te vatten. Morgen hoef ik geen enkel cadeautje in te pakken. Morgen ben ik de gelukkigste onder de vrouwen.

Wie had kunnen denken dat hij ooit weer uit zichzelf bij ons zou komen met kerst? Dat de grote zoon met ons onder de kerstboom zou zitten in het Weinviertel en bij het gezinnetje zou horen?
Hij was in zijn klas de *coolste*. Geen ouders, een paar maanden zelfs helemaal op zichzelf in een groot huis in St. Pauli met het red-light district op loopafstand. Wij ontdekten veel te laat dat dit een grote fout was met honderden verzuimuren tot gevolg. Hij trok zelf aan de noodrem door met een paar vrienden te gaan samenwonen.
Ik herinner me een telefoongesprek van een paar jaar geleden. Hij was in Hamburg, ik in Wenen. Hij zat in zijn kamertje in het studentenhuis in Altona, ik stond in een bomvolle boekhandel omringd door drommen klanten op jacht naar kerstcadeaus. Dan valt er een zin die al het andere overstemt en de klanten in een diffuus licht doet verdwijnen. 'Ik kap met school.' Tja. Daar sta je dan, met je wereldbeeld aan scherven aan je voeten. Hoeveel tijd en energie heb je in de opvoeding en opleiding van dat kind geïnvesteerd? Oké, ik was geen helikoptermama, daarvoor was ik simpelweg te jong. Ik heb me ook nooit geroe-

pen gevoeld om al mijn energie in de opvoeding te steken, maar natuurlijk heb ik mij wel altijd actief afgevraagd wat het beste voor hem was: welke crèche, wel of niet naar de kleuterschool, wat is een gezond twaalfuurtje, naar de montessorischool of toch de reguliere? Te veel televisie, te veel gameboy, te veel vrijheid, te weinig huiswerk met hem gedaan, of toch te veel gekloekt?
Hoewel we midden in de kerstdrukte zitten boek ik een vlucht naar Hamburg en ga linea recta naar het flatje waar hij met zijn vriend Leo woont. Het is de eerste keer dat ik bij mijn zoon op bezoek kom en ik sta erop in een schoon bed te slapen. Hij heeft een paar vrienden uitgenodigd, we maken samen Semmelknödeln met paddenstoelensaus, de sfeer is ontspannen. Hij heeft hippe vrienden. Batik broeken, de meiden hebben lappen om hun hoofd, de jongens dragen lang haar of staartjes. Als dit in mijn tijd trendy was geweest, had ik er precies zo bij gelopen. Het zijn sympathieke, politiek betrokken freaks, en anders dan mijn zoon willen ze de middelbare school afmaken. Een van hen wil arts worden, een andere ontwikkelingswerker, Leo wil kunstgeschiedenis gaan studeren en Jakob is van plan om leraar te worden. Alleen die van mij wil niet meedoen aan 'de kapitalistische wereld', zoals hij het zo mooi zegt, en omdat hij toch niet mee gaat doen heeft hij ook geen middelbare schooldiploma nodig. Er wordt driftig gediscussieerd. Tot mijn grote vreugde denken zijn vrienden er net zo over als ik. Kappen is natuurlijk uitermate cool, maar doe dat met een diploma op zak. Langzaam maar zeker ontdek ik dat de aanleiding voor deze beslissing

minder met minachting voor de kapitalistische wereld te maken heeft dan met het grote aantal verzuimuren en de hiaten in beheersing van de lesstof, die zich tijdens de afwezigheid van zijn ouders hebben opgestapeld. Er volgen gesprekken met docenten, met ouders van vrienden, er komt een schema met jonge mensen die samen met hem gaan studeren, en het lukt om hem op andere gedachten te brengen. Hij gaat examen doen. Hij probeert het gewoon. Iedereen helpt mee. Of hij geslaagd is? Natuurlijk. En nu? Hij studeert en wil leraar worden.

De dochter is pienter en, in tegenstelling tot de zoon, zeer ambitieus. Als klein kind wilde ze al van alles worden: toen ze vier was actrice, toen ze vijf was violiste bij de Weense Volksopera, vanaf haar zevende wereldkampioen karate, de laatste tijd is het architect of piloot. Er is maar één beroep waar ze nooit over zou piekeren: boekhandelaar. Dat betekent natuurlijk niet dat ze geen boekhandel wil hebben, ze wil er alleen niet in werken. Of misschien ooit eens, als ze alles heeft gedaan wat cool, vet en gaaf is, misschien dan, punt is alleen dat er dan waarschijnlijk geen boekwinkel meer is, want dat zou betekenen dat Oliver en ik daar moeten werken tot we dood van de ladder storten. Natuurlijk is het hip dat haar ouders een boekhandel hebben, dat de leraren van school bij ons hun boeken bestellen, dat elk boek dat ze maar zou willen onder handbereik is, dat ze haar leraar Duits tips geeft wat ze in groep 7 klassikaal kunnen lezen. Op school is ze bekend als het meisje dat boven de boekhandel woont. Het komt natuurlijk chique over dat ze schrijvers kent: dat ze met Daniel Glattauer over zijn nieuwste boek babbelt, dat ze naar de vriendin van Arno Geiger gaat om haar snowboard te laten zien, dat ze met Vea Kaiser over Latijn discussieert en met haar mama naar premières van cabaretiers gaat die de anderen alleen maar van televisie kennen. Minder hip is de werkdruk die achter dit alles schuilgaat en die zij natuurlijk dagelijks van dichtbij meemaakt. Ouders die tijdens het ontbijt al over omzetcijfers, dienstroosters en nabestellingen praten, een lege koelkast en koude keuken in het kerstverkoopseizoen, de kratten met boeken die in november en december in de eetkamer opgestapeld zijn. Klanten die vriendelijk te woord gestaan willen worden, al zijn de boekhandelaars de nacht daarvoor pas om drie uur naar huis gestrompeld en hebben ze eigenlijk buikgriep. Dat alles is totaal niet glamourachtig en evenmin het 'ik lees zo graag en heb altijd boekverkoopster willen worden'-gevoel.

We zullen dus moeten blijven werken tot we niet meer op de ladder kunnen en dan gaan we gewoon twintig jaar dicht. Als de dochter haar wilde haren kwijt is en genoeg heeft van carrière maken, kan ze gewoon de spinnenwebben weghalen, wat opruimen, de winkel heropenen en boekhandelaar zijn.

Omdat we hard op weg zijn echt een grote boekhandel te worden, komen we er niet onderuit om over structuren na te denken. Tot dusver doet iedereen alles, onze medewerkers moeten allround zijn, iedereen mag alles doen.

We stoeien urenlang op min of meer rechtvaardige dienstroosters waarin niemand overuren hoeft te maken, met alle vakantiewensen rekening wordt gehouden en iedereen maar één zaterdag in de maand hoeft te werken. Kort voor we naar de boekenbeurs gaan worden we verrast door Anna: 'Cheffin, ik moet een functie hebben.' In andere bedrijven heet dat filiaalhouder en is dat een vanzelfsprekendheid, maar bij ons, waar een democratisch georganiseerd eenheidsideaal wordt nagestreefd, is hiërarchie een vloekwoord.

Nu wordt er echter door de werknemers om gevraagd en hebben we geen keus meer. Anna wil een functie, zodat zij in mijn afwezigheid handelingsbevoegd is. Het is een weldoordacht idee. Ze heeft overzicht, ze ziet alles, ze weet het meest en zit het langst in dit vak. We noemen haar vaak 'het brein' en dat is niet voor niets. De anderen vinden het een magistraal idee en accepteren Anna's nieuwe status zonder een centje pijn. Nu we toch bezig zijn worden er meteen taken verdeeld en krijgt iedere medewerker de zorg voor een of meer afdelingen toegewezen. Dat is bij andere boekhandels een heel normale gang van zaken, maar wij vonden onszelf steeds zo kleinschalig dat dat niet nodig was. Die situatie is evenwel allang achterhaald en dus gaan we nu toch tot verdeling over.

Anna doet de Engelstalige boeken en houdt het totaal in de gaten. De deathmetal bassiste trekt logischerwijze de afdeling thrillers naar zich toe, maar moet de weinig geliefde afdeling Levensvragen op de koop toenemen. Al passen huwelijksadviezen en slachtpartijen op de keper beschouwd prima bij elkaar. Barbara, onze politieke gendermedewerkster, gaat de populairwetenschappelijke afdeling doen en ze is pas bereid ook de reisgidsen te nemen als we haar ook de sectie stripboeken toezeggen. De stagiaire is nog in de leer en doet dus van alles wat, en ik ben de cheffin. Er is ook nog een Oliverhoekje waar de boeken over literatuurgeschiedenis, volumes van Manesse en een selectie van de zogenaamde favorietenuitgevers staan. Dat zijn boeken waar je beslist niet op verdient, maar waar sommige klanten ongelooflijk blij van worden als ze die op de kop kunnen tikken.

Olivers baan bij de uitgeverij pakt anders uit dan we ons hadden voorgesteld. Het vaste inkomen heeft natuurlijk een kalmerende invloed op onze zenuwen, maar het gezinsleven wordt er niet gemakkelijker op. Ik ben de hele dag in de winkel en heb het gevoel nooit klaar te zijn met mijn werk, ik zorg voor het kind, en omdat ik naast mijn werk woon, kan ik tussendoor ook nog wel even snel de wasmachine aanzetten en pompoensoep maken. Oliver hijst zich elke ochtend in zijn nette pak, zit een half uur met een boekje in een hoekje van de tram naar zijn werk, en zit dan de hele dag achter een bureau. Als hij 's avonds thuiskomt is zijn vrouw chagrijnig en gaat ze na een haastige avondmaaltijd terug naar de boekhandel om af te maken wat er overdag is blijven liggen.
De klandizie groeit zo snel dat we het werk slechts met moeite aankunnen; om van de papierwinkel maar te zwijgen. Maar iemand moet de honderden rekeningen

overmaken, de cijfers voor de fiscalist aanleveren, aanmaningen versturen, kortom de hele administratieve rompslomp bijhouden. We staan voor de keuze om nog iemand aan te trekken, of Oliver stopt bij de uitgeverij. Na zijn tweede kerstseizoen waarin hij nachtenlang boeken uitpakt en de volgende ochtend om acht uur weer achter zijn bureau zit en de laatste week voor 24 december zelfs vrij moet nemen omdat wij het niet redden, besluiten we geen nieuwe medewerker aan te nemen. Oliver komt terug. Na het kerstverlof zegt hij op en ik voel me opgelucht.

Omdat Oliver onbetwist meer van boeken houdt dan van mensen, wordt hij office & facility manager. Kantoorbehoeften bijhouden, dienstroosters opstellen, gloeilampen en inktcassettes verwisselen. Onze dure homepage up-to-date houden. Ach ja, die homepage. De eerste drie jaar hebben we stelselmatig nee gezegd tegen een website. We hebben een prachtige, ouderwetse boekhandel. Modieuze franje hoeven we niet. Wat moeten we met een website? De mensen moeten naar de boekhandel komen, hier kunnen ze literatuur beleven, voelen, ruiken. Maar een van onze vaste klanten die met regelmatige tussenpozen in de winkel komt, blijft ons de kop gek zeuren. 'Een zichzelf respecterende boekhandel moet een website hebben. Ik wil thuis ook jullie leestips kunnen bekijken. Een bedrijf zonder website, dat is in deze tijd een achtergebleven rariteit uit een ver verleden.' Op een gegeven moment laat hij vallen dat hij webdesigner is, hoewel je eerder zou denken dat hij maatschappelijk werker is. Na een paar maanden capituleren we en geven hem opdracht een ontwerp te maken. Dat moet zo ouderwets en uniek mogelijk zijn, binden we hem als enige instructie op het hart, en als iemand dat begrijpt, is hij het. Hij is van het unieke en ouderwetse soort, een uitstervend ras, en na verschillende pittige besprekingen is er een website die bij ons past: een oud schoolschrift dat opengaat als je erop klikt. Iedere medewerker heeft een eigen pagina waar in ouderwetse typemachineletter zijn of haar favoriete boeken worden gepresenteerd. Een hele uitdaging voor de bezoeker, en wat beslist ongehoord is in de vluchtige boekenbranche: niets van wat we op de website aanbevelen wordt ooit verwijderd, want als wij een boek nu waarderen, doen we dat over een jaar en zelfs over vijf jaar nog steeds, ook als het niet meer op de bestsellerlijst staat of allang van de markt verdwenen is. Onze website ademt de sfeer van de winkel: de klant komt binnen met een idee over een bepaald boek, en vindt er drie of vier waar hij helemaal niet naar op zoek was.

De eerste jaren nemen Oliver en ik zonder klagen afwisselend vakantie. We verdelen de negen eindeloze weken zomervakantie van onze dochter onder elkaar, maar er is elk jaar een klein weekje dat wij ons niet laten afnemen. In oktober moet het personeel het echt vier dagen zonder ons doen, want dan maken wij een uitstapje in de grote wereld van de literatuur: de Frankfurter Buchmesse.

De eerste keer dat je als boekhandelaar op de beurs bent heeft iets dubbels. De Oostenrijkse delegaties bekijken ons met wantrouwige ogen en proberen ons uit te horen. Wie begint er nou, in tijden dat er een wolk van pessimisme boven de branche hangt, een nieuwe boekhandel? Wie heeft de drieste moed om van Duitsland naar Oostenrijk te gaan en te denken dat je zomaar een boekhandel uit de grond stampt?

De Duitse ex-collega's, zowel uit de media als uitgeversland, kloppen ons goedkeurend op de schouder. Maar hun blikken zeggen mij maar al te vaak wat ze werkelijk denken: *Wat gestoord. Een boekwinkeltje. In Wenen. In die Sachertortestad waar iedereen altijd in een Konditorei zit en de tijd een stuk langzamer gaat.*

Een literair redacteur van een Oostenrijkse krant vraagt mij elk jaar weer: 'Wat doe jij hier? Ben je privé op de beurs?' Wat heet privé? Wij proberen de hele mikmak die hier geproduceerd wordt en waar jullie wel of niet over schrijven, aan de man te brengen. Zonder boekhandels kan de hele bedrijfstak wel inpakken, dus waarom zouden wij niet naar de Buchmesse gaan?
De tijd dat we nog in dure hotels zaten die werden betaald door Olivers werkgever, zijn helaas voorbij en er volgt een eindeloze rij erbarmelijke onderkomens. Het eerste jaar zijn wij domweg vergeten een kamer te boeken. Gelukkig schiet mij ineens een vriendin van de universiteit te binnen. Ze reageert niet bepaald enthousiast als ik haar twee weken voor de beurs opbel en vraag of we bij haar kunnen logeren. 'Dat is erg lastig hier. Dan moet ik eerst opruimen om plek te maken.' Nou, en? Ik zeg niets terug. Opruimen is toch niet zo moeilijk, ik probeer ook altijd het ergste onder het tapijt te vegen voor ik gasten krijg. Maar ze zegt geen nee en wij gaan erheen. Als ze de deur voor ons opendoet, kost het moeite de koffer door de kleine opening te wurmen. De deur wil om de een of andere reden niet helemaal open en als ik een blik naar binnen werp, stokt de adem mij in de keel. Wij zijn in een zwaar vervuilde woning beland. Overal stapels boeken, tijdschriften, folders, papieren in allerlei soorten en maten. In een tochtig kamertje is een smal reepje grond vrijgemaakt en daar ligt een groezelige matras en een verkreukeld dekbed. Het huilen staat mij nader dan het lachen. Hoe moet ik hier slapen? Douchen kun je hier al helemaal niet. Oliver bekijkt

het pragmatisch. We hebben geen keus. Het is volstrekt uitgesloten om in de periode van de Buchmesse in Frankfurt een kamer te bemachtigen, zelfs als je een brede beurs hebt. We nemen ons voor om iedere avond naar alle party's te gaan waarvoor we zijn uitgenodigd, zo veel mogelijk te drinken en zo lang mogelijk weg te blijven, zodat we maar een paar uur in deze gribus hoeven te slapen.

Als we de volgende dag op de beurs komen is alles goed. Ik laat me meeslepen door de prikkelende atmosfeer, Olivers ex-collega's verwelkomen ons als de verloren zoon en dochter, en het duurt nog 16 uur voor we weer naar onze slaapcel moeten. Ik betrap me regelmatig op de aanvechting een sympathieke collega om de hals te vallen en te smeken of hij misschien een kamer weet. Maar nee, ik doe het niet. Mijn man en ik zullen dit doorstaan. Ik heb tenslotte in mijn vorige leven als arme studente in Boedapest al eens in een slaapzak in een antikraakpand tussen de ratten geslapen, dus kriebelende kranten op je matras zal ik ook wel overleven.

De geur van de grote wijde wereld na een heel jaar in een kleine, krappe boekhandel. Op een party aan tafel geflankeerd door Detlev Buck en Daniel Kehlmann. Als in een van de wandelgangen Roger Willemsen op me afstormt, me omarmt en me 'mijn lievelingsboekhandelaar in Wenen' noemt, spijt het me dat ik geen verborgen camera in stelling heb om het voor onze klanten vast te leggen. We bezoeken alle party's, gelukkig zijn we voor bijna alle recepties uitgenodigd, en wijn is er in overvloed.

Traditiegetrouw ga ik een keer lunchen met de journalist

uit Berlijn, die ik voor mijn gevoel al honderd jaar ken. Hij was destijds al een grote literatuurcriticus, ik was een onbeduidend mediameisje bij een nog onbeduidender Oostenrijks uitgeverijtje. Hij heeft mij geïntroduceerd in de glamourwereld van de literatuur; hij nam me mee naar de chique diners in kleine kring in de Frankfurter Hof, waar ik me tijdens de tafelgesprekken echt moest inspannen om te doen alsof ik belangrijk was en het volste recht had erbij te zijn. Inmiddels krijg ik de meeste uitnodigingen op persoonlijke titel en is alleen de traditie gebleven om tijdens de beurs een keer samen te gaan lunchen. En geen snelle hap bij de Hotdogkraam tussen hal 3 en hal 4, nee, weg van het beursterrein, naar de Italiaan, voorgerecht, hoofdgerecht en panna cotta na. Begeleid door een of twee glazen wijn, hoewel ik normaal gesproken overdag nooit alcohol drink. Oké, bijna nooit. De beurs even niet meegerekend. Daar is ook het idee geboren een boek te schrijven.

'Er is geen uitgeverij meer die geen thrillers publiceert. Dat is helemaal *de* markt.'

'Inderdaad. Iedereen heeft daar wel een fonds voor, zelfs Suhrkamp.'

'Wij kunnen toch ook wel zoiets schrijven.'

'Waarom niet? We vinden een Weense en een Berlijnse *Kommissar* uit en die moeten zich over een zaak buigen die *toevallig* in beide steden speelt.'

'Goed idee. En het lijk is...' De Berlijner neemt de andere gasten op, die allemaal iets met literatuur te doen lijken te hebben. '... een schrijver. Een door zijn succes over het paard getilde Weense vlerk. En de moordenaar zou...'

'Zijn agent!'
'Fantastisch! Dat is het, en jij snapt ook dat dit geknipt is voor een verfilming! Denk je eens in wat dat voor het toerisme zal betekenen! Wenen en Berlijn, dat staat garant voor succes!'
'Dan schrijven we twintig cases, een per jaar, en worden we rijk en beroemd!'
We werken in tien minuten op een A4'tje de eerste zaak uit en klaar is Kees. Hij moet het eerste hoofdstuk maar schrijven. Als dat me aanspreekt, schrijf ik het tweede wel.

We overleven de vervuilde woning, al voel ik weken later nog een lichte druk op mijn longen. Er volgen nog vele fantasievolle zoektochten naar logies in Frankfurt tijdens de beurs: een nieuwe kennis in Wenen, een medewerkster bij de VN, vertelt tussen neus en lippen door over vrienden in Frankfurt. Ik: zouden we ook... kunnen we misschien... we willen er best voor betalen... Weer een Buchmesse onder de pannen, leuk huis, prima plek, aardige mensen, die volgend jaar helaas naar Marokko verhuizen. Dan verblijven we een paar jaar in een verbouwde garage, beetje muffig maar goedkoop en vlak bij de metro, daartussendoor nog een keer in een veel te dure kamer in de buurt van het beursterrein, met toilet op de gang en een douche met luide afzuiginstallatie pal naast het bed, de hele ruimte voorzien van vlekkerige bruine vloerbedekking. Als afgelopen zomer een van mijn oudste vriendinnen belt en opgewonden begint te vertellen dat ze kan kiezen voor een leerstoel wiskunde in Helsinki of Frankfurt, onderbreek ik haar met het niet geheel van eigenbelang gespeende advies 'Frankfurt!' Voortaan is de slaapbank in haar woonkamer elke oktobermaand drie dagen van ons. Het moet zijn dat ik nog bestsellerauteur word, lees: dat mijn uitgever een hotelkamer voor mij boekt en betaalt, anders is het probleem voor de komende jaren opgelost: haar leerstoel is voor onbepaalde tijd.

Als ik terugkom met een grote shopper vol boeken en verhalen probeer ik de flair van de beurs over te brengen op onze boekhandel. Ik vertel de medewerkers en klanten grappige anekdotes, zeg iets over een bijzonder boek dat ik heb gevonden, over een sympathieke auteur met wie ik kennis heb gemaakt. Dat ik een sigaret heb gedeeld met Thomas Glavinic, met Sven Regener over kleine Oostenrijkse uitgeverijtjes heb gekeuveld, met Wladimir Kaminer heb gebrainstormd hoe je zo goed mogelijk door de beursfeestjes komt ('Veel water drinken, de hele dag door, voor elk glas wijn minstens één glas water') met Eckart von Hirschhausen in dezelfde taxi heb gezeten en met hem heb gekibbeld wie moest betalen. En dat ik heel, heel dicht in de buurt van Paul Auster ben geweest; volgens mij heeft hij me in het voorbijgaan even aangekeken. Ik ben helemaal lyrisch en onze klanten natuurlijk ook.

De vertegenwoordiger is een apart fenomeen. Je denkt bij het woord 'vertegenwoordiger' algauw aan stofzuigers, tupperware of bepaalde verzekeringen die iemand je aan de deur wil aansmeren. Het is geen beroep dat veel aanzien geniet. Tenzij hij boeken in zijn tas heeft.
De vertegenwoordiger of accountmanager voor de boekhandels is bij de uitgeverij iemand met grote competenties; iemand die de situatie meestal realistisch inschat en ondanks zijn enthousiasme voor de boeken met beide benen op de grond staat. Hij doet het voorwerk, het is degene die bij alle boekhandels in zijn regio dezelfde boeken met dezelfde bezieling aanprijst, ook als ze slecht zijn en als de boekhandelaar het zat is.
Toen ik Oliver leerde kennen was hij accountmanager voor een grote Duitse uitgeverij. Ik was met een vriendin op de Buchmesse, zij was boekhandelaar, hij zoals gezegd accountmanager. Zij stelde ons aan elkaar voor, Oliver gaf mij de nieuwe roman van Philip Roth en een reclame T-shirt van zijn firma. Het klikte, er gingen na de beurs per dag verschillende brieven en mails heen en weer tussen Hamburg en Wenen, en twee maanden later

kwam hij op bezoek. Hij reed destijds in een rode Volvo combi, die hij volgepakt had met nieuwe uitgaven en aanbiedingsbrochures; zaken waar ik net zo van begon te watertanden als Hans en Grietje van het huisje van koek en snoep.

Nu ben ik zelf boekhandelaar en marcheert er twee keer per jaar een bonte stoet van circa dertig accountmanagers naar de achterkamer, die de nieuwe uitgaven proberen te verkopen. Hoe meer een accountmanager verkoopt, hoe hoger zijn salaris, maar hij moet geen leugentjes opdissen over het beste boek van deze auteur tot nu toe of over de imposante marketingcampagne. Dan krijgt hij het bij zijn volgende bezoek namelijk ontzettend moeilijk.

Je zou denken dat er daar aan tafel een ontspannen gesprekje plaatsvindt waarbij je ontelbare verhalen te horen krijgt. Maar meestal is het hard werken en het moeilijkste is dat je niet weet hoe je moet weigeren zonder die arme drommel tegenover je voor het hoofd te stoten.

Een van de eerste accountmanagers die bij ons over de vloer kwam brak het bezoek abrupt af. Het was hem te chaotisch. Eva was met buikgriep naar huis gegaan, dus ik moest om de haverklap naar voren om klanten te bedienen. De telefoon rinkelde onophoudelijk en ik was niet echt laaiend enthousiast over zijn aanbod. Toen Oliver terugkwam van de dagopvang met de dochter die trots met haar nieuwste tekening heen en weer sprong tussen de vertegenwoordiger en mij, klapte hij plotseling zijn laptop dicht en beet me toe: 'Zo kun je niet werken!' Knarsetandend beende hij de boekhandel uit, wij lieten de uitgaven

van zijn uitgeverij zeker een jaar lang links laten liggen en hebben niets gemist.
Maar je hebt er ook tussen zitten die koekjes en bonbons meenemen, die je ook wel eens een titel afraden omdat deze 'geen toegevoegde waarde heeft', en van wie de bezoeken een complete familiegebeurtenis worden omdat ze op hun laptop vrolijke boektrailers aan het kind laten zien en met wie we op den duur zelfs gezamenlijk aan de pizza zitten.
Meestal weten ze precies wat ons aanspreekt. Ze hebben een neus voor de geschiedenissen die hier in goede aarde vallen, en bovendien weten we allemaal dat veel titels pas een bestseller worden als ze in de boekhandels liggen, en niet als gevolg van marketingbudgetten of recensies.

Als op een gegeven moment een accountmanager die mijn smaak maar al te goed kent opgewonden met een stapel papier heen en weer zwaait roept: 'Dit moet je lezen! Dit is fenomenaal!' sta ik daarvoor open. Maar als ik begin te lezen ben ik niet meteen onder de indruk. Opvallend geformuleerde passages, stelselmatig afgewisseld met onderbrekingen en open einden. Schrijver: Daniel Glattauer, een oude bekende. Zijn allereerste boek is uitgekomen bij het kleine uitgeverijtje waar ik in de jaren negentig werkte. Ik was toen een onervaren persmedewerkster, hij – in intellectuele kringen – een bekende journalist, maar zeker geen bekende boekenschrijver. We trokken destijds wel met elkaar op, ik ging met hem mee naar boekpresentaties op het Oostenrijkse platteland en organiseerde signeersessies op kerstmarkten. We zijn elkaar nooit helemaal uit het oog verloren en hebben altijd in de verte contact gehouden. En nu: een digitale roman bij een gerenommeerde uitgever. Wil ik die lezen? Eigenlijk niet.

Diezelfde dag staat de uitreiking van de Ingeborg Bachmann-prijs in Klagenfurt op het programma. Ik steek het Glattauer-manuscript bij me en koop op het station voor de zekerheid nog een paar kranten. Bij Wiener Neustadt begin ik toch maar te lezen en na een paar bladzijden heeft het me te pakken. En hoe. Het traject Wenen-Klagenfurt duurt vier uur en het is maar goed dat ik een snelle lezer ben, anders was ik helemaal niet uitgestapt. Ik zou doorgereisd zijn naar Italië, want het boek wegleggen was geen optie. In Klagenfurt bel ik Daniel op. Het redactietelefoonnummer van de krant waar hij werkt ken ik nog steeds uit mijn hoofd.

'Ik heb het manuscript gelezen.'

'Ja?'

'Dit is een goudmijn!'

'Denk je dat echt?'

'Ik weet het. Hier gaan we allemaal heel veel geld mee verdienen.'

Ik weet dat het niet eerlijk is en dat het ook twee verschillende dingen zijn, ik bedoel dat je geen appels met peren kunt vergelijken, maar de teksten op de *Tagen der deutschsprachigen Literatur*, zoals de Bachmann-prijs sinds een paar jaar heet, vind ik zeldzaam saai en onrealistisch zweverig. Ik weet wel dat het één literatuur en het ander verstrooiing is, dat er twee totaal verschillende markten en doelgroepen worden bediend, maar waar het om gaat is of boeken verkoopbaar zijn omdat ze bij de lezer emoties wakker maken; of dat nu door de sublieme stijl of door het verhaal komt.

Als de accountmanager weer aanklopt om mijn bestellingen van de nieuwe uitgaven op te nemen, zeg ik alleen: 'Ik neem er driehonderd.' Hij kijkt me aan alsof hij het in Keulen hoort donderen. En die driehonderd waren nog maar het begin.

Dit zijn de boeken die je doen vergeten dat je veel te hard moet werken voor veel te weinig geld, omdat je het allermooiste product verkoopt dat er bestaat. Wij verkopen verhalen. Ik kan van een goede feelgoodroman net zo warm worden als de zogenoemde serieuze literatuur, en vaak vind ik het onderscheid tussen die twee in de Duitse taal behoorlijk ingewikkeld. Het is telkens weer spitsroeden lopen om te ontdekken wat voor soort boek een klant die onze winkel binnenstapt eigenlijk wil. 'Kunt u mij een goed boek aanbevelen?' Wat zou dat kunnen zijn? Wat zou deze dame een goed boek vinden? Waarschijnlijk iets tussen Elfriede Jelinek en Cecelia Ahern, maar hoe zeg ik dat zonder beledigend over te komen? 'Iets met inhoud of juist iets ontspannends?' Hoezo neerbuigend? Waarom kan iets met inhoud niet onderhoudend zijn? Toch is het belangrijk deze voorkeur boven water te krijgen, want er zijn boeken genoeg waar je mensen echt geen plezier mee doet. Als mensen een geschenk zoeken is het natuurlijk nog moeilijker. Ze komen binnen alsof onze winkel een

bloemenzaak of slijterij is en zeggen dat ze een boek nodig hebben om cadeau te geven.
'Een verjaardagscadeau voor een dame die vijftig wordt.'
'Wat heeft ze voor interesses?'
Dit is, zo probeer ik een klant uit te leggen, alsof ze naar een kledingzaak met vier etages zou gaan en op de parterre tegen de beveiligingsbeambte zou zeggen: 'Ik wil iets om aan te trekken.' Een bontmantel, sokken, een bh, een kostuum, een bikini? De keuze is gigantisch, maar niet alles past. Met boeken is dat net zo. Je moet op zijn minst de smaak van de aanstaande jarige zien te achterhalen. En dan kun je niets met 'Klanten die dit gekocht hebben hadden ook interesse voor...'
Dan heb je nog de boeken waar ik zelf enthousiast over ben, maar die ik moeilijk kan navertellen. Dat lukt gewoon niet. Ik probeer het een paar keer en merk steeds al bij de tweede zin dat ik de luisteraar kwijtraak en dat zijn oog al op een ander boek rust. Vaak snap ik niet precies waarom. Zoiets merk je pas bij het eerste verkoopgesprek. Het boek ligt op een prominente plek, je hebt het gelezen, het sprak je aan en je hebt een flink aantal ingekocht. Gelukkig zijn er ook altijd vaste klanten die inmiddels zo op jou blindvaren dat je alleen maar hoeft te zeggen: 'Ik zou dat nemen. Dat is echt een leuk boek.'

Een sympathieke mevrouw D. wil zich graag laten adviseren over een goed boek voor de vakantie. Ik ben erg enthousiast over de roman die momenteel op mijn nachtkastje ligt en beveel die warm aan. De ingrediënten: een doof kind, een boerderij ergens in de VS, een hondenfokkerij. Geen van deze dingen hebben mijn specifieke interesse, maar ik vind het een fascinerende en boeiende roman. Mevrouw D. kijkt sceptisch, zij heeft ook niet veel met hondenfokkerijen in het Amerikaanse Midwesten, maar ze laat zich meeslepen door mijn enthousiasme. Het moet eigenlijk vooral niet naargeestig zijn, ze heeft tenslotte vakantie en wil niet in een dip komen. Mevrouw D. werkt in een hospice.

Dat weekend ben ik vrij en lees het dikke boek helemaal uit. Paniek! Volstrekt geen happy end! Dit wordt een dramatische zomer voor mijn klant! Ik schuifel op zondagmiddag door de donkere boekhandel naar de pc, zoek het mobiele nummer van mevrouw D. in het adressenbestand en stuur een sms'je: '*Niet verder lezen alsjeblieft! Iedereen gaat dood! Ook de hond!*' Er komt onmiddellijk een berichtje terug: '*Te laat.*'

Om de paar jaar is er een boek waarbij ik de eerste twintig bladzijden mijn adem inhoud. Ik dwing me om langzaam te lezen en de stijl te proeven, hoewel ik liever als een diesel door zou denderen om te ontdekken of het tot de laatste bladzijde zo blijft. Of het zijn belofte waarmaakt. Als dat gebeurt maakt een onstuitbare zendingsdrang zich van mij meester en wil ik dat de mensen om wie ik geef, plus alle anderen, dit boek onmiddellijk gaan lezen. Onmiddellijk. Op die momenten weet ik zeker dat ik de juiste vrouw op de juiste plek ben, dat andere plekken ondenkbaar zijn en dat er niets zo belangrijk is dan dit verhaal in zo veel mogelijk mensenlevens te brengen. Ik zou deze boeken het liefst gratis weggeven en het stuit me tegen de borst er geld aan te verdienen door ze te verkopen. *Nu de angst is verdwenen*, een onopvallend boek met bomen op de cover, geschreven door de voor mij tot dan toe onbekende Monika Held. In één nacht uitgelezen. Een liefdesgeschiedenis tussen een Auschwitz-overlevende en een veel jongere vrouw. Een moeilijk thema. Hoe vaak horen we in de boekhandel niet de geijkte zin: 'Het is nu wel een keer genoeg geweest. Altijd maar datzelfde oude verhaal.' Of het boek lijkt veel te tragisch en is waarschijnlijk dus geen ideale lectuur om mee te nemen op wintersport voor de nodige ontspanning tussen de skipistes en andere geneugten door. De eerste die het moet lezen is Oliver. Het gaat niet geheel van harte, hij kan al bijna niet meer over de stapel te lezen boeken naast zijn bed heen kijken, en deze roman staat zeker niet op zijn to-dolijst. Maar ik kan ook buitengewoon onverzettelijk zijn en dat weet hij, dus hij zal er toch doorheen moeten. Ongeveer halverwege zegt hij over 'zulke onderwerpen' toch meer een non-fictielezer te zijn, maar dan leest hij het uit en lopen de tranen hem over de wangen. Het werkt.

Ik moet die auteur ontmoeten. Ik kan dat. Ik mag dat. Dit is zo'n moment dat ik van mijn werk houd. Ik organiseer een bijeenkomst en nodig haar uit naar Wenen te komen. Dat doe ik louter voor mezelf, want in eerste instantie wil ik alleen maar de schrijfster van dit bijzondere boek leren kennen. Wie is de vrouw die zo'n geschiedenis met zoveel humor en smart, met zoveel behoedzaamheid en onver-

biddelijkheid kan opschrijven dat ik niemand die iets voor mij betekent zonder dit boek uit de winkel wil laten wegkomen (of uit welke andere winkel ook waar het te koop is)?
Ik mag een recensie schrijven op de literatuurpagina van een groot dagblad in Oostenrijk en in overleg met de redacteur wordt het een heel persoonlijk stuk. Dit boek heeft mij zo tot op het bot geraakt dat ik er nooit een 'normale' review over zou kunnen schrijven. Ik ben ook geen recensent meer, maar een boekverkoopster; een bijdrage van mijn hand in een dergelijk medium is dus echt een uitzondering. Iedereen tevreden, tot op zondagochtend bij het openen van mijn Facebook iets anders blijkt. Een auteur windt zich op over dit 'subjectieve artikel' van een 'zelfbenoemde literatuurcriticus' en werpt mij hatelijk voor de voeten dat deze verhandeling wel een reclamestunt lijkt voor de lezing die de volgende dag zal plaatsvinden. 'Waarom verzuimt de redactie ten enenmale om deze pseudorecensent erop te wijzen wat literatuurkritiek nog meer inhoudt behalve het promoten van presentaties en het uitdelen van plusjes en minnetjes?' Deze schrijfster voegt publiekelijk de daad bij het woord. Op Facebook. Op zondagochtend.
Het huilen staat mij nader dan het lachen. Niet omdat iemand een tekst van mij afkraakt, maar omdat zij duidelijk niet in het minst heeft begrepen wat ik met dit artikel beoogde. Het gaat hier niet om mij, om mijn naam als literatuurcriticus, of over een bijeenkomst. Het gaat over het aangrijpendste boek over de Holocaust dat ik ooit heb

gelezen, hooguit met uitzondering van *Afscheid van Sidonie* van Hackl, en toen was ik achttien jaar. Ik heb met dat artikel geen cent verdiend, het zou mij geen biet hebben kunnen schelen als mijn naam nergens genoemd was; en de veertig mensen die onze lezingen bezoeken, doen dat altijd, ook als er onbekende auteurs spreken en er in de kranten geen ruchtbaarheid aan gegeven is.

Ik ontmoet Monika Held voor het eerst op de dag van de presentatie. Ze komt samen met haar voorlezeres en ik sluit beide vrouwen vanaf het eerste moment in mijn hart. Het is alsof ik deze indrukwekkende, humorvolle vrouwen al heel lang ken, en hoewel ik van negen tot vier op het boekhandelrooster sta, besluit ik deze dag met hen door te brengen. Ik laat hun iets van Wenen zien, we drinken koffie bij Bräunerhof, we maken een rondje door het centrum en eten schnitzel.

Als we 's avonds voor een dicht opeengepakt publiek in onze boekhandel zitten heb ik het gevoel dat er in mijn leven geen periode is geweest dat ik Monika Held niet kende. Ze leest enkele tekstfragmenten voor, ik stel een paar vragen en geef dan het woord aan het publiek. Het is doodstil. Een hele tijd. Tot er een heer gaat staan en de auteur met gebroken stem bedankt voor haar lezing, en er een dame uit de laatste rij opstaat die hem bijvalt. Ze bedanken haar dat ze dit boek geschreven heeft en hier vanavond uit wilde voorlezen. Een paar dagen later hoor ik van een klant dat ze zich bij haar kerk heeft aangemeld voor een excursie naar Auschwitz, terwijl ze dat eerder nooit aangedurfd had; maar deze lezing en het boek hebben haar over de streep getrokken. Nu vat ze de moed om het met eigen ogen te gaan zien. En als een leraar mij een paar weken later vertelt dat hij dit boek voor het eerst in de eindexamenstof opneemt, en als een half jaar later een hoogbejaarde dame mij nog bedankt voor het artikel op de literatuurpagina, omdat zij daardoor op het spoor van dit boek is gezet en het al een paar dozijn keer cadeau heeft gegeven, dan is het er weer: het gevoel dat ik het juiste beroep heb. Dan weet ik weer waarom we hier met zijn allen doen wat we doen, waarom we vijf kwartier werken in een uur, tussendoor steeds nieuwe decoraties aanbrengen, in het weekend de etalages bijwerken en in de avonduren literatuurlijsten voor scholieren typen: voor dit soort momenten en ontmoetingen.

De grote Amerikaanse schrijver Jonathan Franzen komt naar Wenen! Hij zal in het theater uit zijn nieuwe boek voorlezen en de uitgeverij heeft ons gevraagd of wij het evenement mede willen organiseren. Ons! Niet een winkel van een grote keten, nee, ze hebben ons benaderd en natuurlijk hoeven we daar niet over na te denken. Wat een eer. *Franzen!* Ik bedoel maar. Zijn meesterwerk *De correcties* is een van de weinige boeken waar Oliver en ik allebei meteen weg van zijn. Nu komt hij naar Wenen. En wij zijn erbij. Er wordt koortsachtig gepland en gerekend. De uitgeverij betaalt de kosten van de auteur, wij gaan op zoek naar een dagvoorzitter en een acteur die de Duitse tekst leest. Onze verdiensten bestaan uit een deel van de entreegelden en wat we overhouden aan de boekverkoop, maar waarschijnlijk gaan we quitte spelen. Maakt niet uit, het gaat ook om het prestige.

We weten een literair redacteur van een grote Duitse krant te strikken als dagvoorzitter en een toneelspeler van het Burgtheater die ik heel hoog heb zitten, zegt toe voor de teksten. Waarschijnlijk pakt alles veel duurder uit dan gepland, maar ik kan mijn geluk niet op, het belangrijkste

literatuurevenement staat voor de deur en wij maken er deel van uit.
De organisatie loopt vanaf het begin wat stroperig. De auteur vergeet zijn selectie voor te dragen tekstgedeelten door te geven, die de acteur nodig heeft om zich op de lezing voor te bereiden. Die baalt, want hij is een professional en heeft geen zin om onvoorbereid het podium op te gaan. We weten wat we kwijt zijn voor de dagvoorzitter en vinden een, ook qua prijs, gunstig hotel voor haar, maar we durven de acteur niet naar zijn uurtarief te vragen. En wat doet het er ook toe. Ik sta in een uitverkochte schouwburg te wachten op Jonathan Franzen. Het afgesproken tijdstip is al een half uur verstreken en nog steeds geen levensteken van de ster, de teksten die hij een paar uur geleden gemaild heeft zijn veel te lang en de dagvoorzitter wil ook graag een paar woorden met hem wisselen. Net als ik me afvraag of mijn Engels goed genoeg is om een bejubelde schrijver streng toe te spreken springt hij uit een taxi, loopt met grote stappen naar me toe en verontschuldigt zich in redelijk goed Duits voor de vertraging: hij was naar familie gegaan en had de tijd vergeten. Ik stamel iets over de tekstgedeelten, loods hem naar de artiesteningang en probeer duidelijk te maken dat hij in de passages moet knippen. De acteur geeft mij een handgebaar, neemt Jonathan Franzen van mij over en verdwijnt met hem in de garderobe. Het verloop van de avond staat me niet meer heel helder voor de geest, ik weet alleen dat grote rampen uitgebleven zijn. De dagvoorzitter heeft zich grandioos voorbereid, Franzen is bijzonder charmant en de acteur is

veel meer dan 'de Duitse stem van de tekst'. We verkopen talloze boeken, Franzen signeert een vol uur en ik vraag de acteur voorzichtig of hij ter plekke zijn honorarium wil ontvangen.

'Dat krijg ik toch van de uitgeverij?'

'Nee, dat betalen wij.'

'Maar jullie zijn toch een vrij kleine boekhandel?'

'Ja, wij zijn een kleine boekhandel.'

'Dan is het wel oké zo.'

'Hoezo, wel oké?'

'Bijna oké, dan. Kan ik een boek krijgen? Dan kan ik het door hem laten signeren.'

Zulke mensen zijn er ook. Begenadigde acteurs, prominent en prijzig. Maar vaak ook gewoon oké. Als ik hem nu bijvoorbeeld Hamlet zie spelen in het Burgtheater heb ik altijd een beetje het gevoel dat daar een vriend staat, al kan hij zich mij waarschijnlijk niet meer herinneren.

De avond eindigt met een gepeperd diner, gelukkig op uitnodiging van het stadsbestuur. De andere gasten zijn de uitgever, de dagvoorzitter, een paar mensen van de schouwburg en twee Oostenrijkse auteurs, van wie de ene een onovertroffen Franzenfan is. De hele avond is in detail terug te lezen in de roman *Das bin doch ich* van Thomas Glavinic.

Ik heb totaal geen verstand van muziek. Ik weet dat ik het deathmetal genre van onze bassiste veel te hard vind en dat ik wel van omfloerste, hese vrouwenstemmen houd. Ik luister naar klassieke muziek, de Beatles, *Wir sind Helden* en soms zelfs naar de hitradiozender Ö3. Mijn medewerkster Barbara heeft wel ideeën waar ze mij blij mee kan maken en geeft me op mijn verjaardag verzamel-cd's met nummers waarvan minstens twee derde me aanspreekt. Zij is echt een muziekkenner. Zij heeft zo haar iconen, de meeste ken ik niet, maar ik hoor de collega's in het achterkamertje vaak over concerten praten en zie de wallen onder hun ogen als het laat is geworden in de arena of de WUK, *het* sociaal-cultureel centrum van Europa. Op een gegeven moment is er deining, bij een Oostenrijkse uitgever komt een boek van Blixa Bargeld uit. Die naam heb ik al eens gehoord en ook de naam van de band, *Einstürzende Neubauten*, doet een bel bij mij rinkelen. 'Ik wil absoluut, absoluut de boekentafel doen als zij naar Oostenrijk komen. Kun jij dat voor me regelen?' Dat gebeurt niet vaak, dat iemand absoluut de boekentafel wil doen, en ik leg haar wens onmiddellijk neer bij de uitgeverij. Een paar weken later ligt

er niet alleen een afspraak voor de boekentafel, maar ook een uitnodiging voor een lezing in Sankt Pölten, inclusief diner, met Blixa Bargeld. De collega is er niet onverdeeld gelukkig mee. Je weet nooit hoe het afloopt als je een grote held persoonlijk leert kennen. Als ze al gaat, dan zeker niet alleen. We gaan dus met zijn tweeën. Ik moet de hele dag werken, pluk nog snel het kind van de karatetraining en lever het thuis af, en dan bij zware sneeuwval de Autobahn op. Barbie (zoals wij Barabara noemen) heeft cd's meegenomen om onderweg te beluisteren. Ze heeft veertig minuten om mij in te wijden in het muzikale genie van de Einstürzenden Neubauten en dat is beslist voldoende.
De Cinema Paradiso is bomvol, op het podium staat één stoel en een microfoon. Optreden van Blixa Bargeld. Een grote vent, hij lijkt wel een beetje op Mick Jagger; een 'ik zag er ooit fantastisch uit, ik heb geleefd en dat mag gezien worden' type. Hij begint zijn tekst voor te dragen, *Europa kreuzweise. Eine Litanei*, en ik luister geboeid. Het is min of meer een reisverslag, niet bijzonder opwindend, het staat vooral in het teken van de voedselinname. Herr Bargeld is niet alleen een groot musicus, maar ook een echte lekkerbek en het buffet na het optreden is minstens zo belangrijk als het concert zelf.
Zijn presentatie heeft iets staccato-achtigs. Het verrast me dat het opzeggen van de menukaart zo onderhoudend kan zijn.
Als Blixa Bargeld na afloop ontelbaar veel boeken gesigneerd heeft is het bijna middernacht, en nu vindt de ster dat het etenstijd is. In Sankt Pölten. Om elf uur. De

uitgeverij had met vooruitziende blik bij een restaurant onze komst aangekondigd en de keuken is nog open. De deelstaathoofdstad is sowieso in rep en roer, omdat het de eerste dag is van het proces waarin Fritzl terechtstaat. De hele Europese pers heeft zich in Sankt Pölten verzameld, iedereen wil 'het beest van Amstetten' zien, de man die zijn hele gezin tientallen jaren in de kelder van zijn woning had opgesloten. Blixa is chagrijnig omdat er in heel Sankt Pölten geen hotelkamer meer te boeken was. Hij zit nu twintig kilometer verderop in een *Waldesruh*, gelukkig hebben ze daar zeer exclusieve chocolade, een leuk presentje voor de thuisblijvers. De medewerkster van de uitgeverij kijkt minder vrolijk, zich bewust dat ze hem daar nog naartoe moet brengen en dat ze in het restaurant moet blijven plakken tot het laatste glas wijn leeg is. Waar ze zelf uiteraard geen handje bij kan helpen want zij is de bob.

Dan zitten we in een apart zaaltje in het enige 'sterren'restaurant dat Sankt Pölten rijk is en dat ziet er precies zo uit als je je zou voorstellen. Alle denkbare decoratieve kitsch is in overvloed aanwezig. De kelner komt naar onze tafel en probeert met een kuchje de aandacht te trekken. Als hij ons gezelschap ten slotte begroet lijkt hij een tikje gespannen, alsof hij onopvallend probeert te ontdekken om wie het hier aan tafel draait. Aangezien Blixa als enige een pak draagt en al een paar decennia heeft kunnen oefenen op zijn sterrenstatus, wordt hij door de ober trefzeker als zodanig geïdentificeerd en met veel egards begroet.

Vervolgens wordt er een aperitief voorgesteld: voor de mannen bier, voor de dames Sekt met iets fruitigs om het niet op alcohol te laten lijken. Barbie, die bij ons in de boekhandel voor alle gendervragen opdraait, mompelt iets onverstaanbaars en bestelt een pilsje. Het menu bestaat vervolgens uit vlees met vlees en vleesjus. Als Barbie een vegetarisch alternatief vraagt, ontstaat er een discussie over vegetarisch eten. Blixa heeft duidelijk allang afscheid genomen van deze levensfase en bestelt een reuzensteak.

Het is maar een klein groepje. Behalve Barbie en ik zijn er alleen een paar mensen van de uitgeverij, en na een kwartier wordt mij duidelijk wat onze rol is: de ster entertainen. De medewerksters van de uitgeverij prikken lusteloos in hun eten en zien er afgemat uit. Geen wonder, ze hebben de auteur al dagen op sleeptouw. Alles is gezegd, iedere geschiedenis uitgekauwd, echt ontspannend is zo'n ster nou ook weer niet. Gelukkig zijn wij erbij: vers bloed in de koetjes-en-kalfjesmarathon en nog echte fans ook. Dat wil zeggen, ik niet echt, maar dat heeft hij volgens mij niet in de gaten. Barbie ontdooit, het gesprek wordt door hen tweeën gedomineerd, de uitgeversdames leunen opgelucht achterover, de rode wijn vloeit rijkelijk. Ik drink liters mineraalwater, ik moet tenslotte nog veertig minuten door de sneeuwjacht over de snelweg.

Wij praten natuurlijk over de boekhandel. Blixa en Barbie worden enthousiast over het idee om een grote uitstalling van favoriete boeken in Griekse zuilen te maken. De zwijgzame jongen die tegenover ons zit en wiens rol mij de hele avond al onduidelijk is, mengt zich in het gesprek en vraagt wat zo'n zuil precies is. Wij kijken meteen naar Blixa's gezicht en wachten gespannen op zijn reactie. Er is

even iets van ongeduld te bespeuren, maar dan geeft hij de jongen op minzame toon tekst en uitleg. 'Te gek hoe mensen veranderen als ze ouder worden', fluistert Barbie in mijn richting. 'Dat zou hij vroeger niet zomaar over zijn kant hebben laten gaan.'
Er flitsen kennelijk soortgelijke gedachten door het hoofd van de ster, want nu komt het gesprek op kinderen en trots laat hij op zijn smartphone foto's zien van zijn dochtertje Anna. Haar tweede naam, zo grijnst hij, is Millicent. Millicent Bargeld. Hilariteit.
Bij ons boekverkoopsters is meteen de beroepsijver gewekt en wij beginnen over het onderwerp waar wij het best in thuis zijn: boeken. We bestoken Blixa met tips voor kinderboeken die Anna beslist moet lezen. We hebben de rollen omgekeerd, nu zijn wij aan de beurt. Onze tafelgenoten amuseren zich over onze pavlovachtige boekverkoopster-terugstoot: 'Kind' wil zeggen dat er een, twee, vele boeken nodig zijn.

Op een gegeven moment is het laatste glas leeg en verlaten we het inmiddels vrijwel leeggelopen etablissement, nagezwaaid door een vermoeide kelner en knipmessende chef.
Sankt Pölten is uitgestorven als we ver na middernacht door de sneeuw naar onze auto's baggeren. Blixa voorop, in een mantel die eruitziet alsof hij hem Mikael Nyqvist nog op de set van *As it is in heaven* van het lijf heeft gegrist. Of hebben ze dezelfde couturier? Van achteren lijkt hij op een gigantische kraai uit een Lovecraft-story, die op het

onbewoonde Sankt Pölten is gestort. Onder zijn arm een kinderboekuitgave van Ernst Jandl, *Ottos Mops*, die hij als beruchte Jandl-fan van de uitgeverij cadeau heeft gekregen. Plotseling schalt de bekende podiumstem door het verlaten voetgangersgebied: 'Ottos Mops trotzt. Otto: fort Mops fort...' Wij volgen de Jandl reciterende Blixa in blind vertrouwen door het labyrint van het slapende stadshart naar onze auto's. Ik kijk zijdelings naar Barbie, die met een sigaret tussen haar lippen naast mij loopt. Voor ik mijn mond open kan doen glimlacht ze naar me en zegt: 'Leuk.'

Ik krijg een telefoontje van een bevriende uitgever die mij vertelt dat T.C. Boyle naar Wenen komt. Grote presentatie in de Rabenhof, we moeten tijdig kaarten zien te bemachtigen, want het wordt een volle bak. Maar dat niet alleen. De dag daarvoor zal er ook een geheim diner plaatsvinden met slechts een handjevol mensen: collega-auteurs, journalisten, vrienden van de uitgeverij. 'Jij hebt toch een medewerkster die een grote fan is? Zou zij erheen willen?'
De deathmetal bassiste zit achter in het kantoor de e-mailbestellingen te verwerken.
'Zou jij een hapje willen eten met T.C. Boyle?'
'Hè? Ik? Alleen?'
'Nee, er gaan nog een paar anderen mee.'
'En jij?'
'Nee, er kan maar een van ons naartoe. Bovendien is mijn Engels niet al te best. Beetje pijnlijk.'
'Ik ga niet alleen. Dat zie ik niet zitten.'
Er gaan een paar weken overheen, we vergeten het diner met T.C. Boyle, tot de uitgever weer belt en zegt: '1 mei, zeven uur. Restaurant Stadtheuriger. Jullie kunnen allebei komen.'

Ik bel de bassiste. 'Wat doe jij op 1 mei?'
'Dan ben ik toch vrij, of vergis ik me?' Ik hoor de argwaan in haar stem en kan bijna zien wat ze denkt. Wil ik haar een boekentafel aansmeren?
'Dan ga je eten met T.C. Boyle. En maak je geen zorgen. Ik ga mee.'
'Oh my God!'

We spreken af elkaar op de Josefstädter Straße te ontmoeten en zijn allebei een beetje opgewonden. Ik hoop dat het gezelschap niet al te klein is, want ik heb geen zin de hele avond met mijn gebrekkige Engels te koop te moeten lopen. Mijn collega is zo nerveus dat haar mond onderweg naar het restaurant geen moment stilstaat. Die slaat echter met een klap dicht op het moment dat we binnenkomen. Ze kan geen woord uitbrengen, ze kan niet eten en drinkt twee glazen Sekt. Maar dan spreekt de Meester haar aan, hij is geestig en charmant en ze hebben al snel een gespreksonderwerp: muziek. Ze haalt met blosjes op haar wangen een cd van haar deathmetalband uit haar tas, die ze toevallig bij zich heeft. T.C. is er blij mee en later op de terugweg fantaseren we hoe hij de cd in zijn Frank-Lloyd-Wrighthuis op Santa Barbara in de cd-speler doet en haar baspartij beluistert.
Het is al behoorlijk laat als we over de Josefstädter Straße naar de metro lopen, allebei in de wolken over deze coole, grote auteur en zijn boeken waar we zo van houden en die ook nog zo'n prettige persoonlijkheid is.
'Stel dat ik ooit Alzheimer krijg en alles, maar dan ook

alles vergeet, ook dan zal ik deze avond nooit, maar dan ook nooit vergeten. Ik ben met T.C. Boyle in de Heurigen geweest!'

... goed zo. Zondag speelde hij in een uitverkocht Großen Haus werken van Mozart en Bach en ook Schuberts laatste pianoconcert D960. Die is, samen met vier Impromtus D899, door Sony uitgegeven op een Schubert-cd die nu door boekbinders gepresenteerd wordt. Opgenomen werd...

Een krantenknipsel. Zo klein dat het niet dubbelgevouwen hoeft te worden om door de brievenbus te schuiven. In het voorbijgaan op mijn deurmat gedeponeerd door meneer L., die altijd haast heeft. In de rechter bovenhoek een notitie: 'Voor mij bestellen. Telefoontje s.v.p.' Altijd druk, een beetje kortaf, ik kan inmiddels goed met hem. Hij doet me denken aan mijn vader, altijd een beetje nors en autoritair, maar eigenlijk bedoelt hij het niet zo. Nu moeten wij uit het knipseltje van drie bij drie centimeter afleiden wat meneer L. wil. Gelukkig hebben we zeeën van tijd en lukt het ons tijdens een moeizame surftocht op internet de cd te achterhalen en te bestellen. Leuke bijkomstigheid dat we daar ook nog 1,50 euro mee verdienen.
Net zo grappig zijn de oudere heren die op de ontbijttelevisie een boek spotten dat iemand voor de camera omhooghoudt. 'De kaft was groen en de schrijver was een dominee of een leraar of zoiets. Hebt u het niet gezien?' Nee, we kunnen ons helaas geen medewerkster veroorloven die de hele dag veertig tv-zenders bijhoudt, maar internet

hebben we gelukkig wel. Ongelooflijk wat je daar allemaal kunt vinden. Dag, tv-kanaal en tijdstip van uitzending zijn onbekend, maar de kaft was groen. Meestal vinden we het en dan zijn we net zo blij als de klant. Wat hadden ze het vroeger gemakkelijk toen er alleen van die grote, in groen kunstleer gebonden catalogi waren waarin alle leverbare titels op alfabet opgesomd stonden. Men schreef een isb-nummer op en het boek werd telefonisch besteld. En nu heb ik het niet over mijn grootmoeders tijd, toen zij nog een jong meisje was, maar de tijd dat Oliver het boekhandelsvak leerde. Toen niemand een mobieltje had en internet nog niet uitgevonden was. De boekverkopers zijn aan de ene kant erg blij met de voordelen van internet, anderzijds zou het zonder waarschijnlijk veel soepeler gaan. Natuurlijk, niet het wapen is de boosdoener maar hij die het afvuurt; niet de hond is gevaarlijk maar zijn baas, die hem vals heeft laten worden. Natuurlijk is er niets mis met internet, maar wel met degenen die het gebruiken om er tot in het oeverloze een slaatje uit te slaan.
Tien tot vijftien jaar geleden was de wereld nog relatief ongecompliceerd: de grote boekhandels waren de vijanden van de kleine boekhandels. Hoe vaak heb ik de eerste jaren van ons bestaan geen nachtmerries gehad over een boekenjumbo die in onze straat zijn deuren opende en ons hele verhaaltje uitblies, omdat er geen klant meer bij Hartlieb kwam. Iedereen stroomt naar deze kolossale winkel met de automatische schuifdeuren, roltrappen, metershoge stapels boeken, bonte plastictassen en speciale aanbiedingen, *heel* veel speciale aanbiedingen. Wij moe-

ten al onze medewerksters ontslaan, kunnen de huur niet meer betalen en krijgen een baantje bij de boekenreus. Als we geluk hebben.
Voor veel boekwinkels in de provinciesteden was dit de realiteit. Er kwam een mega bookstore op loopafstand, er wordt een paar jaar gevochten om te overleven, dan wordt de strijd gestaakt en de winkel opgedoekt. Daar is inmiddels enige verandering in gekomen, omdat de grote boekhandelketens, beter gezegd: de aandeelhouders en raden van commissarissen daarachter, iets hebben ontdekt wat de kleintjes al wisten: er valt met boeken niet echt geld te verdienen. Net als bij ons dus. Je kunt ervan leven, de huur en de stookkosten betalen en er nog een klein vakantiehuisje op nahouden, maar veel meer ook niet. Geen enorme winsten aan het eind van het jaar, geen dividenduitkeringen voor de aandeelhouders. De bazen aan de top reageren daar net zo op als de bazen in andere branches: ze verkleinen het aantal vierkante meters, bouwen het personeel af en proberen door artikelen met hogere winstmarges hun omzetcijfers op te krikken. Zo komt het dat gekwalificeerde boekhandelaars nu hun dagen vullen met tuingereedschap en koffiemokken uitstallen en Lego op leeftijdsgroep sorteren. Hadden ze ons maar om advies gevraagd. Eigenaars van kleine boekwinkels hadden hun direct al kunnen voorrekenen dat je niet rijk wordt met boeken verkopen, dat is iets wat de kleine familiebedrijven al generaties lang weten. Het verschil tussen ons en 'de groten' is banaal, bijna kitscherig: wij realiseren onze droom en proberen daar ook nog een beetje van te leven.

De grote jongens willen winst maken en dat elk jaar meer. Wij rijden in een bestelwagen, als we op skivakantie gaan zorgen we overal zelf voor en als we in de zomervakantie eens gek willen doen boeken we een wandelweek in Oost-Tirol. Oké, we hebben een weekendhuisje, en vorig jaar zijn we vijf dagen naar Londen geweest. Dat kon ik me in mijn studententijd niet permitteren. Maar al deze luxe uitspattingen gaan gepaard met een slecht geweten en vele, vele overuren, die natuurlijk geen overuren zijn omdat wij zelf eigenaars zijn. Dat kan ons meestal niets schelen want we houden van boeken, om niet te zeggen dat we boekengek zijn, en al is het niet meer van deze door groeidrang en winstroes gedomineerde tijd: wij kunnen ons eenvoudigweg niet voorstellen dat we iets anders dan boeken zouden verkopen. Eventueel wat extra assortiment van boekenleggers of pluche beesten van *Het kleine Draakje Kokosnoot*, maar geen wasmachines, computers, tuingereedschappen, auto's of dat soort dingen.
Inmiddels zit de concurrent niet meer in de koopgoten of winkelcentra. De concurrent van alle boekhandels, groot en klein, heeft een internetadres en heet Amazon. Gestimuleerd door het gemak en de onnadenkendheid van de mensen die met twee of drie muisklikken hun winkelwagentje vullen en hun banksaldo plunderen, die hun huis of kantoor niet uitgaan, omdat ze geen tijd hebben of zich inbeelden dat ze geen tijd hebben. Nog geen drie dagen later heeft een bezorgdienst de boeken, kleren, schoenen, cd's, broodroosters en wat dies meer zij aan de deur afgeleverd.

Het begon allemaal met een buurman. Hij woont op de derde verdieping, we zeggen gedag als we elkaar in het trappenhuis tegenkomen, ik geloof dat hij Andreas heet. Ik heb hem nog nooit in de boekwinkel gezien. Op een dag ligt er een pakketje van Amazon op onze brievenbus. De grootte en het formaat doen verdacht veel aan een boek denken en ik ben helemaal sprakeloos. Ik wacht hem een keer op bij de oudpapiercontainer. 'Waarom bestel je bij Amazon terwijl er een boekwinkel onder je dak zit?'
'Weet ik ook niet, het is gewoon praktisch, ik bestel altijd 's nachts, dan heb ik het maar gedaan.'
'Bij ons kun je ook bestellen!'
'Alles?'
'Alles. En de prijs is overal hetzelfde.'
'Dat weet ik.'
'O, dat weet je? Als je geen zin hebt in een praatje schuif je toch gewoon een briefje onder de deur door en leg ik het boek op de mat voor je klaar. Dan hoeven we geen woord te wisselen.'
Zo simpel was het. Ik heb mijn best gedaan om mijn punt duidelijk te maken en dat heeft hij begrepen. Kort daarna is hij verhuisd, maar hij bestelt nog steeds bij ons.
Deze gebeurtenis opent mij de ogen. Opeens valt me op hoeveel pakketjes van Amazon in de omgeving van de boekwinkel door bezorgdiensten worden afgeleverd bij jonge mensen die het stoer vinden om al hun rommel op internet te bestellen. Dat zijn dezelfde jonge mensen die onlangs met succes hun opleiding hebben afgerond en die blij waren met een boekhandel om de hoek waar ze te-

rechtkonden voor hun opgavenboeken met oplossingen voor wiskundevraagstukken. Dat is namelijk niet bij Amazon te bestellen. Zo'n bundel kost vijf euro en de boekhandelaar krijg tien procent leverancierskorting, met andere woorden hij verdient vijftig cent per stuk.
Telkens als ik in de rij bij het postkantoor een van hen voor of achter me in het vizier krijg, begin ik erover. Bikkelhard. Of ze weten waar ze mee bezig zijn door alles op internet te kopen? Of het hen onverschillig laat als er op een gegeven moment helemaal geen winkels meer in hun omgeving zijn?
Ik weet niet meer precies wanneer het kwartje is gevallen dat niet de grote ketens aan de andere kant van de stad onze vijand zijn, maar het onzichtbare en ongrijpbare world wide web. Het is plotseling sexy om met een paar muisklikken te bestellen en helemaal *niet* sexy om naar een kleine winkel te gaan en te zeggen wat je hebben wilt. Amazon wordt plotseling een oppermachtige instantie. Alles wat op haar website staat wordt voor waar gehouden en wij zijn opeens de duffe prutsers. Steeds vaker bekruipt ons het gevoel dat we tekortschieten, we krijgen een slecht geweten bij elk boek dat we niet in huis hebben of niet binnen een dag kunnen bezorgen. Waarom voelen we dat opeens zo? Bij Amazon kun je tenslotte ook geen winkel binnenstappen en het boek meteen meenemen. Zelfs niet als het op de actuele bestsellerlijst staat! Je *moet* het bestellen, het wordt de volgende dag bezorgd door een pakketdienst en als je niet thuis bent nemen ze het weer mee. Wat is daar zo stoer aan? Veel mensen heb-

ben bovendien nog niet door dat internet en Amazon niet hetzelfde zijn.
'Hebt u dit boek op voorraad?'
Na een blik in de computer: 'Nee, helaas niet, en ik zie ook dat het uitverkocht is.'
'Hoezo uitverkocht? Bij u?'
'Nee, het is niet meer verkrijgbaar, wij kunnen het ook niet bestellen.'
'Maar op internet heb ik het gevonden.'
'Bedoelt u Amazon.com?'
'Ja, daar kan ik het bestellen.'
We gaan samen naar de pagina van Amazon en daar is het boek 'verkrijgbaar bij deze aanbieder'. Daaronder staat de standaardtekst dat dit particuliere aanbieders zijn die het boek via Marktplaats verkopen, dat het grotendeels tweedehands boeken betreft en dat de meeste niet naar Oostenrijk verzenden. Veel klanten geloven ons niet eens: er staat immers bij Amazon dat het 'verkrijgbaar' is?
Wij spelen in op de internethype door onze website uit te breiden en er een webshop aan toe te voegen. Als een klant eenmaal een account heeft geopend kan hij, net als bij de grote aanbieders, zelf zoeken en bestellen. De klant kan kiezen tussen afhalen of verzenden. In heel Oostenrijk, uiteraard zonder portokosten. Het kan natuurlijk helemaal niet uit, maar we willen net zo goed, snel en klantgericht zijn als de concurrent met zijn miljoenenomzet. Bovendien moeten we meer reclame gaan maken. We mogen er niet meer op vertrouwen dat iedereen die bij ons in de buurt woont en af en toe een boek aanschaft, dat automa-

tisch bij ons doet. Tot dusver ben ik daar simpelweg van uitgegaan, maar daar heb ik nu ernstig mijn twijfels over. Er moet een klantenmagazine komen! Een etentje in het restaurant waar die zomer ooit alles is gaan rollen, toen die verkoopmanager over een boekwinkel begon die was dichtgegaan. Wat handig dat de vriend van onze medewerkster Anna grafisch vormgever is. Hij is niet alleen een van de beste, die grote namen bedient, hij weet ook waar hij mee moet komen om ons blij te maken. Een rundvleesschotel en schnitzel, een paar biertjes en witte wijntjes, een tafel vol kranten, prospectussen, reclamefolders en magazines, die in twee stapels verdeeld worden: 'beslist niet' en 'dat vinden we leuk'. De doelstellingen zijn duidelijk: we schrijven alles zelf, we willen geen advertenties en laten ons ook niet leiden door de bestsellerlijsten. Er komt alleen kopij in waar wij zelf enthousiast over zijn en alle medewerkers gaan een bijdrage leveren. De bespreking is snel voorbij maar de avond nog lang niet, en de volgende dag krijgen we een ontwerp. Het is precies zoals we het voor ons zagen.

Een paar weken later hebben alle adressen in onze wijk een *Hartliebs 01* in de brievenbus en wij zijn zo trots alsof we een nieuw dagblad opgericht hebben. Verbeelden we ons het maar of komen er inderdaad nieuwe gezichten in de winkel? In elk geval één: grijs gelokte slapen, duur colbertje, goede snit spijkerbroek, zwart brilletje, ik gok een architect of grafisch vormgever. Hij vraag met een ongeloofwaardig smoesje naar een agenda en kijkt dan in de winkel rond. Opeens staat hij voor mij:

'Mevrouw, dat krantje... hebt u dat in de hele wijk verspreid?'
'Tja, zo zie je maar weer hoe rijk die kleine boekhandels zijn!'
Hij lacht, we praten even over ditjes en datjes en dan vraag ik recht op de man af hoe lang hij hier al woont en of hij eerder in de winkel is geweest. Hij is ongeveer vijf jaar geleden hiernaartoe verhuisd en woont op ongeveer drie minuten loopafstand van de winkel. Hij was hier een keer binnengelopen om een ansichtkaart te kopen. Tot nog toe was hij ervan uitgegaan dat een kleine boekhandel in de voorstad niet op zijn literaire voorkeuren zou zijn ingespeeld en daarom heeft hij niet eens de proef op de som genomen. Dat is toch om uit je vel te springen! Je steekt al je vermogen in gekwalificeerd personeel, je verbouwt voor honderdduizend euro, je bent uiterst actueel op het gebied van nieuwe uitgaven en trends, je kent alle Oostenrijkse auteurs persoonlijk en dan heb je zulke types die niet eens binnenkomen omdat het adres niet chique genoeg is.

Op een uitgebreide kerstborrel van een uitgeverij kom ik in gesprek met een bevriende journaliste, die op het idee komt een artikel te schrijven voor de stadscourant over de boekhandel als bedreigde branche. Met mij als covergirl, die het opneemt tegen de internetgiganten en spreekbuis is voor veel andere boekhandelaren die elke dag dezelfde strijd strijden als ik.
Als ze mij interviewt probeer ik mijn antwoorden eerlijk te formuleren, zonder klagerig over te komen. Een week

later prijkt mijn foto in de krant, ik heb een enigszins overwerkte en verbeten uitstraling. 'Eén tegen Amazon', luidt de kop, en als ik de krant opensla weet ik al dat velen dit niet grappig zullen vinden. De krant is inderdaad nog niet overal op de mat gevallen of de telefoon begint te rinkelen. Waarom ik zei dat vertegenwoordigers van de beroepsgroep niets aan de concurrentie op internet deden? Hoe ik erbij kom dat niemand zich daar druk over maakt, hoewel er al drie maanden een werkgroep rond dit thema is?
Ik weet niets van een werkgroep en het was tenslotte maar een interview, er werd mij een aantal vragen gesteld en daar heb ik op geantwoord. Sommige klanten komen trots de winkel binnen om te vertellen dat ze dit altijd geweten hebben en ieder boek, maar dan ook echt ieder boek bij ons kopen. Nergens anders en zeker niet op internet.
De journaliste van dit dagblad is een profetes met goed ontwikkelde voelsprieten voor thema's, want plotseling is Amazon het middelpunt van een fikse affaire. Midden in de nacht wordt ergens een reportage over de internetreus uitgezonden. Twee verslaggevers hebben zich als bloedhonden in het bedrijf vastgebeten en stellen vooral de slechte arbeidsvoorwaarden aan de kaak. Het grootste deel van het personeel wordt via uitzendbureaus aangetrokken, de arbeiders komen uit gebieden met een hoge werkloosheid, zoals Spanje en Oost-Europa, en ze worden met valse beloften aangelokt. Ze wonen in bijna mensonwaardige omstandigheden, hebben onregelmatige arbeidstijden en worden bewaakt door een particuliere beveiligingsdienst. Terwijl nog geen vijf jaar geleden hooguit een

handvol betrokken mensen hiervan wakker zou liggen, wordt het nu dankzij Facebook en Twitter een regelrechte hype. Het filmpje wordt duizend keer gedeeld en geliket en andere media springen gretig op de rijdende trein. De internetgroothandel is plotseling niet zo sexy meer, de werknemers worden er slecht behandeld, het bedrijft incasseert schandalige bedragen aan subsidies, omdat het zich in infrastructureel zwakke gebieden vestigt, betaalt geen belasting in Duitsland en Oostenrijk omdat Luxemburg de vestigingsplaats is, en als de – onder Duits recht aangestelde – medewerkers zich vakbond-technisch willen organiseren, krijgen ze moeilijkheden.
Tijdens een anders zwijgzaam verlopende koffiepauze zegt een van de collega's: 'Zien jullie het ook?'
'Wat?'
'Er zijn veel nieuwe klanten. En... ze zijn jong.'
Een aantal maanden geleden hadden we vastgesteld dat onze winkel een redelijk bejaard klantenpubliek heeft. Niet iedereen is echt stokoud, maar de meesten zijn al op de zogenoemde 'grijze golf leeftijd'. Dat vinden wij geen probleem. Deze mensen zijn hoog opgeleid, koopkrachtig, en ze weten onze adviezen op waarde te schatten. Maar er is een keerzijde. Ze zijn aanzienlijk ouder dan wij, dus als zij op een gegeven moment wegvallen, zijn wij er nog wel. Hopelijk. Wij zien niet alleen de kinderen groot worden, we zien ook dat krasse dametjes dement worden en sportieve heren rollators nodig hebben.
De moeders zijn de trouwste klanten. Ze moeten sowieso naar buiten om een luchtje te scheppen met hun kroost,

dus heeft het voor hen sowieso geen zin om de stripboeken op internet te bestellen. Bovendien is het bij ons altijd gezellig. Maar de leeftijdsgroepen daartussenin, waar zijn die? Waar zijn bijvoorbeeld de studenten? En de aanstormende advocaten, architecten, reclametekenaars? Die zitten vermoedelijk veel op internet en hebben tussen hun bestellingen bij Amazon en Zalando door ongetwijfeld de reportage over Amazon op Facebook en YouTube voorbij zien komen. Dit zijn in principe helemaal geen foute mensen, integendeel, alleen een beetje gemakzuchtig. Daarom vinden ze dit geen goede zaak, ze herinneren zich die kleine boekhandel waar ze ooit langs kwamen op weg naar de bakker of drogist, en lopen de volgende keer naar binnen en kijken om zich heen. Wat ze zien bevalt hen, ze verwonderen zich over het aanbod en staan ervan te kijken dat hier geen prikkelbare oude vrouwen met knot en bril en parelketting werken. Ze reageren verbluft als ze horen dat ze hier alles kunnen bestellen, ook de studieboeken en leermiddelen voor de Uni.
'Hoezo, bestellen?'
'We gaan het boek zo meteen bestellen en dan is het er morgen.'
'Hoezo, morgen?'
'Ja, morgen al. Maar wel morgenmiddag. Dan ligt het klaar om te worden opgehaald.'
'Geldt dat voor alle boeken?'
'Bijna alle boeken. Bij sommige duurt het twee dagen. Tenzij het uitverkocht is. Dan kunnen we er meestal ook wel aankomen, maar dan duurt het iets langer.'

'Kost dat niets extra?'
'Nee. Boeken zijn overal even duur.'
'Wauw.'
'Dat vinden wij ook.'
We vragen ons vaak af hoeveel geld er door diverse instanties wordt uitgegeven aan de prijsbindingcampagnes van de mededingingswet en waarom er toch nog zo veel mensen zijn die niet weten dat het in boekensupers of op internet niet goedkoper is.
Maar nu hebben ze de weg naar onze winkel en de andere kleine boekhandels gevonden, omdat ze last krijgen van hun geweten als ze bij de internetreuzen shoppen. Ze blijven ons trouw, omdat ze merken dat het niet duf, gedateerd of niet sexy is om je boeken in een echte boekwinkel te kopen. Waar je behalve advies vaak ook een vrolijke kwinkslag krijgt, het boek als cadeautje voor je wordt ingepakt en je gebeld wordt als het onverhoopt iets langer duurt.

Er is decennialang bij de klant op gehamerd dat hij koning is, met als gevolg dat we soms e-mails van deze strekking binnenkrijgen: 'Omdat ik liever niet meer bij Amazon koop, is mijn vraag hoeveel korting u biedt als ik de volgende boeken bij u bestel.' We antwoorden dat wij (net als Amazon) geen korting verlenen, omdat wij aan de wettelijke prijsafspraken gehouden zijn. We versturen portovrij, verpakken desgewenst alle artikelen in cadeaupapier, en als we u er een plezier mee doen dansen we naakt een rondje op tafel. Nee, dat laatste schrijf ik natuurlijk niet, hoewel ik me soms echt moet inhouden. Waarschijnlijk doe ik het nog wel een keer.

De omzet in onze webshop neemt gestaag toe en we besluiten één arbeidskracht volledig in te zetten als administratieve kracht. Oliver maakt vrijwel uitsluitend indirecte uren – rekeningen sturen en betalen, de boekhouding voorbereiden, de website bijhouden, dienstroosters opstellen – maar deze werkzaamheden hebben de laatste jaren zo'n grote vlucht genomen dat hij het nauwelijks meer kan behappen in zijn eentje. De bassiste is inmiddels acht jaar bij ons en zij wordt opperhoofd webshop. Ze beantwoordt alle e-mails en voert ingewikkelde bestellingen uit. Ze is blij met de verandering en geniet ervan om na zoveel tijd iets anders te doen in het bedrijf. Wij noemen haar liefkozend Miss Moneypenny.

Wij roeren inmiddels een half jaar de reclametrom, produceren weer een klantenmagazine, het derde al, en zeggen tegen iedereen die het horen wil en anders ook dat er geen, maar dan ook geen enkele noodzaak is om bij Amazon te bestellen. Onze omzetten stijgen weer wat verder, er komen steeds jongere mensen in de winkel met namen die de afgelopen jaren nog niet in het klantenbestand waren voorgekomen.

Dan staat de kerstseizoenverkoop weer voor de deur. De dagomzet groeit gestaag, de afhaalvakken worden voller en voller. De printer drukt de ene webbestelling na de andere af en onze kersverse backofficemanager, die haar dienstverband al had uitgebreid van dertig naar veertig uur, maakt overuren bij de vleet. Het afhaalvak is allang

veel te krap. We zetten in het kantoor alles aan de kant wat maar enigszins verplaatsbaar is en knutselen een drie keer zo groot afhaalvak in elkaar. De klanten staan rijendik in onze winkel van zestig vierkante meter, die meestal zo vol is dat we zelf haast niet meer van de ene kant naar de andere kunnen. We staan een deel van de tijd met vier man achter de toonbank, maar het probleem is dat we maar één kassa hebben waar we met z'n allen tegelijk bedragen op intoetsen, geld in stoppen, wisselgeld uitnemen. Het is een wonder dat het 's avonds bijna altijd klopt. In de eerste week hebben we de grootste lol, de medewerkers zijn gemotiveerd en maken als haringen in een ton achter de balie allerlei geintjes die ook op de lachspieren van de klanten werken. Als op een dag de winkel stampvol is neemt het geroezemoes ineens opvallend af en het wordt bijna aandachtig stil. 'Dit is bijna niet te geloven', merk ik in deze stilte op. Helemaal achteraan in de kinderhoek klinkt een stem: 'Tja, mevrouw Hartlieb, u hebt het hele jaar geroepen dat we niet meer bij Amazon mogen bestellen. Dit komt ervan.'
In de tweede week betrap ik mezelf en anderen op vermoeidheidsverschijnselen. Ik haal dingen door elkaar als ik boeken samenvat, ik kan de namen van klanten precies vijf seconden onthouden. Het is gewoon onvoorstelbaar hoeveel boeken er per dag over de toonbank gaan, hoeveel verhalen er naverteld worden, hoeveel cadeautjes er ingepakt worden. Onze vaste cliënten verwennen ons met mandarijntjes, eigengebakken kerstkransjes en zoveel chocola dat er in het kantoor altijd een overstelpende

voorraad staat. De drie leveranciers leveren dagelijks torenhoge stapels dozen met boeken af, wat tot niet geheel onterechte opmerkingen van de huurbaas leidt. We proberen alles zo snel mogelijk naar ons kantoor te verplaatsen, met als gevolg dat we soms klem komen te zitten tussen de paktafel en de manshoge stapels dozen. Oliver verwerkt alle binnengekomen artikelen. Probleem is echter dat het 's avonds pas zin heeft om echt te gaan beginnen, omdat er dan pas weer een paar gaatjes zijn gevallen in het afhaalvak, waar hij de nieuwe voorraad in kan voegen. Zijn nachtdiensten worden steeds langer. Eerst gaat hij tot twee uur door, een paar dagen later al tot vier uur in de ochtend. Een week voor kerst ben ik weer jarig en voor het eerst sinds jaren is er geen cadeautje, geen taart, geen gezamenlijke avondmaaltijd. Dit keer maakt mijn man me wakker met een beker koffie en een kaarsje en zegt: 'Gefeliciteerd, lieve schat. Het spijt me vreselijk, maar je moet er nu uit om de boekhandel op te ruimen. Het is me niet meer gelukt.' Ik laat me uit mijn warme bed rollen, Oliver neemt mijn plaats in en valt ogenblikkelijk in een diepe slaap. Ik loop met mijn mok melkkoffie naar beneden en stap mijn boekhandel binnen, mijn levensdroom. Er staan zeven dozen in de verkoopruimte, alfabetisch gerangschikt op naam van de klant. Ik zie in een oogopslag dat nog niet de helft daarvan in het afhaalvak past. Ik zie twee stapels volle boekenkratten, de voorraad nabestellingen die nog op hun plek gezet moeten worden. Het is half zeven, om negen uur gaan we open en zullen de eerste klanten de winkel binnenstormen. Ik zak neer op het rode bankje achter

in de winkel en pink een paar tranen weg. De droom over een kleine, gemoedelijke boekwinkel is overgegaan in een nachtmerrie. Ik word overvallen door een gevoel van hopeloosheid. Hoe moeten dit ooit goedkomen? De geest die ik zelf heb opgeroepen schalt door mijn hoofd dat er geen weg terug is, net als bij een klim naar de top van een berg. Je kunt halverwege niet zeggen dat je geen zin meer hebt en dus maar blijven staan.
Om acht uur komen de collega's. Eva hoeft eigenlijk pas om half negen te beginnen, maar ze had het idee dat het goed zou zijn om wat eerder te komen. Ze slaat even een arm om mij heen, ze zegt: 'Dit doen wij wel even' en stuurt mij weg om een half uurtje met de hond te gaan lopen. Als ik om vijf voor negen weer binnenkom is het meeste weggewerkt, de rest staat verdekt opgesteld in de kantoorruimte en iedereen is er. Het komt toch goed. De klanten druppelen rustig binnen en worden met een opgewekte glimlach begroet. Ik ben er weer. Het is tenslotte maar vijf uur tot de middagpauze.

De laatste week proberen we onze krachten zo te bundelen dat iedereen een uur pauze heeft en in het ideale geval niet zelf voor de inwendige mens hoeft te zorgen. Lees: we vallen terug op goede vrienden die ons van gerechten voorzien die zo in de magnetron kunnen. Dan kunnen wij in dat ene uurtje even rustig aan tafel zitten, eten, stil zijn, lezen, en wie wil kan zelfs nog even op de bank gaan liggen voor een hazenslaapje. Er komt een keer een vriendin met een grote tas vol groenten en maakt in onze keuken een pan heerlijke soep, genoeg voor iedereen. De ouders van de stagiaire dragen twee grote schalen dampende lasagne door de winkel, een met vlees en een vegetarisch. Ze hebben ook aan salade en toetjes gedacht. We ontdooien porties spaghettisaus die we in de herfst al hebben gemaakt en op de jaarlijkse kerstborrel van de uitgeverijen loop ik de journaliste annex profeet van het artikel over Amazon weer tegen het lijf. Als ze vraagt hoe de kerstverkopen gaan zeg ik: 'Geweldig en verschrikkelijk. Het is veel en veel te veel. En dat is jouw schuld!' Ik zeg het schertsend, zo bedoel ik het althans, maar waarschijnlijk lukt dat niet helemaal, want ze slaat haar hand voor de mond en roept: 'O lieve help! Kan ik iets doen?'

'Voor ons koken', antwoord ik, en drie dagen later staat ze met een reusachtige pan zelfgemaakte curry in de boekwinkel. Een bevriende accountmanager laat twee soorten aardappelgoulash aanrukken: een met worstjes en een zonder, en om te voorkomen dat we tussen de middag met onderbezetting in de winkel staan gaat ze meteen achter de kassa. Mijn echtgenoot stuurt mij steevast om middernacht naar bed, ik moet tenslotte de hele dag in het circus meedraaien en liefst met een goed humeur. Dat lukt alleen als ik genoeg slaap. In mijn dromen sta ik achter de kassa en kan er maar niet opkomen hoeveel wisselgeld ik aan een klant moet geven die een bedrag van 48,80 euro betaalt met een briefje van 50.

Ik red de diensten van vijftien uur alleen nog met een middagslaapje. Als iemand om twaalf uur tegen me zou zeggen dat ik mijn pauze moet inleveren zou ik voor het oog van alle klanten in huilen uitbarsten. Ik ga naar onze verduisterde slaapkamer, val op het bed en trek de dekens over mijn hoofd. Gelukkig zijn er oordopjes voor tegen het bouwlawaai op de etage boven ons. Maar die leggen de stemmen in mijn hoofd helaas niet het zwijgen op. Het is een kwestie van seconden voor ik slaap en als twintig minuten later de wekker gaat, heb ik geen idee hoe laat het is. Ik heb even nodig om me te realiseren dat ik weer terug moet, van de rust in de slaapkamer naar de draaikolk daar beneden. Na een paar petsen koud water in mijn gezicht en een snelle espresso ga ik weer naar het circus en is het weer leuk ook. Er moeten om de haverklap boeken uit het kantoor gehaald worden, een uitgelezen gelegenheid om snel wat zoetigheid in je mond te steken. Anna betrapt mij erop dat ik vertwijfeld een doosje bonbons met de schaar te lijf ga, omdat ik het in de haast anders niet openkrijg.

Als we 's avonds stipt om zes uur de deuren sluiten roepen we de dagomzet op het scherm en haalt Oliver interessante gegevens uit de kassaregisters: hoeveel boeken er verkocht zijn. Hoeveel we er besteld hebben. Hoeveel mensen er minimaal één boek gekocht hebben. Dat zijn er in de laatste week voor kerst in elk geval tussen de vijf- en zevenhonderd. Zevenhonderd mensen op zestig vierkante meter, van wie er zeshonderdennegentig vrolijk, vriendelijk en beleefd waren. De overige tien laten we tijdens een biertje nog even de revue passeren. Even afreageren, of het nou terecht is of niet. De echte toppers zijn de vrienden die ooit ook gewoon klant waren, die al hun kerstcadeautjes

bij ons kopen en nog nooit om korting hebben gevraagd, en die hun hulp bijna opdringen.
Zoals de juriste die een vrije dag nam om haar kerstinkopen te doen en spontaan aanbiedt om te helpen als ze ziet dat de stoom uit onze oren komt. Ik vraag of ze naar de bank wil gaan om wisselgeld te halen. Daarna verpakt ze in de kantoorruimte 42 boeken in wit zijdepapier met strik erom. Dat zou een deel van mijn avondklus geweest zijn: de bestelling van een cardioloog, kerstcadeautjes voor zijn medewerksters. Pas als de doos klaarstaat om te worden opgehaald besef ik dat onze onverwachte assistente de cardioloog waarschijnlijk wel kent, want haar man is een collega van hem en werkt in hetzelfde ziekenhuis.
En de persvoorlichter van een onderzoeksinstituut die vlak voor sluitingstijd haar boeken ophaalt en dan onder het genot van een glas wijn tot laat in de avond met mij de boekhandel opruimt.
En de neuroloog die bij voorkeur vlak *na* sluitingstijd komt en beschroomd op het raam tikt. Wij kennen hem en doen de deur meestal graag weer open. De *chef de clinique* was een van onze eerste klanten in een tijd dat we nog niet zoveel mensen kenden. Ik herinner me een zaterdagochtend dat hij opeens midden in de zaak stond te stralen met een zakje typisch Weense Trześniewski-broodjes, die hij ons over de hoofden van de klanten aangaf. 'Cultuurpromotie!' becommentarieerde hij zijn actie. Maar vandaag is het 17 december, ik heb sinds negen uur voor mijn gevoel al 10.000 romans naverteld en wil eigenlijk nog even wat opruimen om me vervolgens met het verplichte glaasje

rode wijn voor de tv te installeren. Ik wil niemand meer spreken, zelfs deze sympathieke arts niet, maar natuurlijk laten we hem binnen. Natuurlijk helpen we hem bij het uitkiezen van zijn kerstcadeautjes en natuurlijk doen we er een geschenkverpakking omheen. Dan vraagt hij: 'Wat gaan jullie nu doen?'
'Wij moeten de artikelen die vandaag geleverd zijn uitpakken.'
'Maar jullie moeten eerst wat eten!'
'Ja, we smeren zo even een boterham en gaan daarna weer verder.'
'Zo gaat dat niet', mompelt hij, haalt zijn gsm voor de dag en bestelt een taxi naar ons adres. Tien minuten later zitten we in een gezellig Italiaans restaurantje achter het gemeentehuis. De dokter is hier duidelijk een vaste klant, die ondanks de kersttoeloop meteen een tafeltje krijgt. We bestellen water, wijn, polentapunten, kaas-aardappeltaart en nemen panna cotta toe. De minivakantie duurt iets minder dan een uur, de arts betaalt de rekening en bestelt weer een taxi. Even later staat Oliver weer achter de inpaktafel en zet ik nieuw binnengekomen pockets op alfabet in de schappen.
En waar zouden we zijn zonder de aardige mensen in onze buurt die ons kind laten mee-eten en op zaterdagochtend met de hond naar het bos gaan? We zijn dankbaar dat de leraren van onze dochter een oogje dichtknijpen als er in december weer eens geen krabbeltje staat bij de boodschap in het mededelingenschrift. Dat de mensen die ons voor het eten uitnodigen niet verwachten dat wij als te-

genprestatie een goed gesprek gaande houden. Dat onze zoon zonder klagen talloze bezorgritjes overneemt, hoewel we nauwelijks tijd hebben om het adres door te geven. Dat onze dochter er niet mee zit dat haar thuis een opslagplaats wordt, dat ze vaak in haar eentje moet ontbijten, omdat haar vader dan net naar bed gaat en haar moeder al aan het werk is; en dat ze toch alleen maar met goede cijfers thuiskomt, hoewel we zelfs nooit vragen of ze haar huiswerk wel gemaakt heeft. Al deze mensen hebben hun plek in deze fantastische, verschrikkelijke tijd, die elk jaar over ons heen golft, en elk volgend jaar zijn we in februari al bijna weer vergeten hoe verschrikkelijk moe een mens de laatste week van december kan zijn.

Want zonder deze tijd hadden wij geen boekhandel. In de decembermaand verdienen wij ons inkomen. Oliver heeft overtuigend voorgerekend dat de totale omzet in de eerste elf maanden van het jaar opgaat aan huur, inkoop, personeelskosten, verzekeringen, belastingen en sociale lasten. Wat we in december omzetten is wat we per saldo overhouden. Die zevenhonderd mensen per dag in onze winkel zijn dus meer dan welkom. Een vrije dag, of zelfs een halve vrije dag in december zou leuk zijn, maar wat niet kan, dat kan niet.

Er wordt bij ons van alles verhandeld dat niets met de boekwinkel te maken heeft.

'Weet u ook of de oppasmoeder hiertegenover nog plaats heeft?'

'Hebt u gehoord of de situatie op het kinderdagverblijf in de Gentzgasse al verbeterd is?'

'Kunt u een werkster, een pianoleraar, een Engelse native speaker aanbevelen?'

'Mag ik hier mijn huissleutel achterlaten voor mijn vader die straks terugkomt uit Stiermarken?'

En al die oude mensjes die met een smoesje naar de winkel komen om even een praatje te kunnen maken. De 97-jarige mevrouw F. die regelmatig met een overzichtje van haar achterkleinkinderen aankomt, waarop achter elke naam in hanenpoten hun leeftijd geschreven is. Dan zoeken wij samen voor ieder van hen een boek uit. Ik weet al dat Moritz stoer en sportief is, dat Ibrahim uit India komt en nog niet zo goed Duits spreekt, en dat Marietje altijd hoe dan ook iets met pony's wil.

Of de kinderen komen zelf, zoals de kleine Ferdinand, die thuis met meccano, van luciferdoosjes gemaakte auto's en Playmobilfiguurtjes 'winkeltje Hartlieb' speelt, en de tweedeklasser die wegens een tramstoring bij ons zijn moeder opbelt. De meeste kinderen durven ons recht voor zijn raap te zeggen wat ze willen, ongeveer in de trant van: 'Mijn moeder wil dat ik een goed boek neem, maar ik heb het liefst *Het leven van een loser.*' Of het meisje van elf dat met de handen in haar zij voor mijn collega gaat staan en vraagt: 'Kunt u mij een boek aanraden?' en op haar vraag 'Wat lees je graag?' met een verlegen grijns antwoordt: 'Niets.'

En die bijzonder aardige klant die een boek bij ons bestelt en het mij drie dagen later komt lenen omdat ze het zo goed vond. Het echtpaar dat een exclusief kookboek had gekocht en ons een week later uitnodigt voor een maaltijd. Dat zijn de dingen die ons motiveren om elke dag open te gaan en boeken aan te bevelen, die ons ook helpen om die paar onvriendelijke, chagrijnige, hooghartige klanten te verdragen. Die geen goedendag zeggen, ons inpakpapier 'ronduit verschrikkelijk' vinden, zeer ontstemd zijn als we een vier jaar oude uitgave over de Habsburgers niet op voorraad hebben en het verlangde pas de volgende dag kunnen bezorgen. De 'hebbu'-klanten die ons niet zien staan, getuige het uitblijven van een reactie als wij hen begroeten, en die het onbegrijpelijk vinden dat wij niet meteen uit het hoofd weten of het boek dat zij drie dagen geleden besteld hebben al binnen is. Die altijd korting vragen, hoewel ze maar twee boeken per jaar kopen. De klanten die wij 'chefkindjes' noemen, omdat ze een boek hoger aanslaan als ik het aanbeveel in plaats van een collega, hoewel zij veel meer verstand van die afdeling heeft dan ik. Om maar te zwijgen van de nerveuze klanten die voor esoterische boeken komen en wel van de brug kunnen springen als wij *De healing code* niet op voorraad hebben. Maar daar komen we allemaal overheen, omdat we weten dat we goed zijn en omdat we weten dat het overgrote deel van onze klanten dat ook weet. Ze kopen niet bij ons omdat we zielig zijn, zoals een bedreigde apensoort in de dierentuin, maar omdat ze ons graag mogen, omdat het hier gezellig is en omdat al onze medewerkers heel goed zijn in het principe 'Klanten die dit artikel gekocht hebben, kochten ook...' – maar dan op een heel wat charmantere wijze dan het algoritme bij Amazon.

En, niet te vergeten, de mensen die ons als een deel van hun familie beschouwen en ons in de kerstdrukte voorzien van kerstkransjes, chocola en druivensuiker; die op zaterdag fruit of bloemen komen brengen; de jonge vrouw met twee kleine meisjes die op een hete julimiddag op ijs trakteert.

En de naamloze meneer die mij midden in een koude februarinacht helpt om de luifels van de boekhandel sneeuwvrij te maken. Het was laat en het was glashelder dat ik te veel gedronken had toen ik bij hevige sneeuwval de laatste tram van de Schottentor naar huis miste. De uitnodiging was afkomstig van een kleine uitgeverij uit Hamburg, de gasten waren boekhandelaars en journalisten. De ene groep wilde boeken verkopen, de andere wilde erover schrijven. Het was zo'n avond dat je jezelf jong, doortastend, succesvol en onweerstaanbaar vindt. Omdat

je zulke mooie gesprekken gehad hebt, omdat het zo'n mooie ambiance was en natuurlijk ook omdat de kelner de hele avond je glas bleef bijschenken.
Maar nu, buiten in de koude nachtlucht, ben ik niet meer zo succesvol en doortastend, maar wel redelijk beschonken. Ik blijf in de goede richting lopen en vind het tramstation bij de Schottentor nog gruwelijker dan overdag. Lijn 40/41: gestremd. Volgende rit: 5.31 uur. Dat duurt nog wel even.
Het is ijskoud en de wind blaast ongenadig in mijn gezicht als ik de smalle trap naar de Währinger Straße opga.
Met mijn blik op oneindig blijf ik in noordelijke richting lopen, de stad uit. Hoe lang is die straat wel niet? Ik schat twee kilometer. Oké, het eerste stuk loop ik, daarna neem ik wel een taxi. Ik kijk even in mijn tas, check of ik mijn portemonnee bij me heb en zie dat er alleen een briefje van honderd euro in zit. Dat gaat dus niet! Ik kan me niet aan het eind van de straat laten afzetten, want dan moet ik betalen met dat honderdje. De taxichauffeur zal mij zeker bedonderen. Absoluut zeker. Mijn rekenkunst is legendarisch, zelfs volledig nuchter zou het mij al niet lukken het wisselgeld na te tellen, laat staan met een paar glazen te veel op.
Maar wat zijn tenslotte twee kilometer, in de buurt van de Volksopera ben ik vast wel weer nuchter. En plotseling doemt ze voor mij op: mijn geliefde boekhandel.
Eigenlijk zou ik al wel gewend moeten zijn aan die aanblik, deze is al jaren hetzelfde, maar toch houd ik nog steeds even mijn adem in als ik dat opschrift met mijn naam op

de witte luifel zie. Mijn geliefde boekhandel. Onze boekhandel natuurlijk, maar het is mijn naam. De naam die ik mijn hele leven al draag en die mijn man dertien jaar geleden uit liefde heeft aangenomen. De naam van mijn ouders, mijn zussen, mijn kinderen. Maar eigenlijk zou ik dat opschrift helemaal niet moeten kunnen zien. De luifel had ingeklapt moeten zijn. Omdat ik om zes uur heb afgesloten, kan dat alleen maar betekenen dat ik het vergeten ben. Er ligt zeker twintig centimeter sneeuw op en hij buigt al gevaarlijk door. Het is twee uur 's morgens, ik ben in elk geval weer compleet nuchter, althans in mijn beleving, en zal dat varkentje wel even wassen. Ik probeer het doek sneeuwvrij te krijgen door er van onderaf met een bezem tegenaan te duwen en erop te kloppen. Dat lukt een beetje en het gaat langzaam.

'Goedenavond. Kan ik helpen?'

'O, hallo, ook nog laat onderweg?'

Uit de taxi stapt wat wij een typische zaterdagklant noemen: even over de markt flaneren, vervolgens de kranten en een exclusief Duits magazine kopen en dan nog even rondneuzen in de boekhandel om de nieuwe literatuuruitgaven te bekijken. Goed gekleed, beleefd-terughoudend, contante betaler.

'Ja, ik kom van een vergadering met een raad van toezicht die is uitgelopen. Hebt u er nog een?'

Hij zet zijn laptoptas op de grond, neemt de bezem van mij over en begint met voorzichtige bewegingen – hij draagt leren schoenen – de sneeuw van de luifel te schudden. We werken minstens twintig minuten zwijgend naast elkaar

door, één keer glijdt hij uit, we hebben allebei het gevoel dat er minstens vijf kilo sneeuw aan onze jas plakt. Alleen hij heeft een chique wintermantel met visgraatpatroon aan en ik loop in mijn oude parka.
Dan rol ik de luifel op, hij kijkt toe of het goed gaat en is even later na een ‘goede avond’ weer vertrokken. Dat zijn onze klanten. Althans, de meeste.

Het is vaak best moeilijk om geld aan te nemen van vrienden. Natuurlijk, ze krijgen er iets voor, ze kopen boeken en die moeten wij zelf ook betalen. Toch voelt het meestal ongemakkelijk. De combinatie klant/vriend is moeilijk en mooi tegelijk. In de meeste gevallen zijn ze eerst alleen maar klant. Ze komen regelmatig, je praat met elkaar over boeken en waar die over gaan, ze vertellen over hun partner voor wie ze een cadeau zoeken, over hun kinderen, van wie de een niet van lezen houdt en de ander dikke boeken verslindt. Vaak krijg je mee dat iemands moeder is overleden of vertellen vrouwen dat ze in de bloei van hun leven hun man hebben verloren. Niet dat wij nieuwsgierig zijn, maar zulke gesprekken komen onvermijdelijk als je over boeken praat. Er zou eigenlijk een zwijgplicht voor boekverkopers moeten worden ingevoerd, want wat een literatuurkeuze over iemand zegt, dient niet aan de grote klok te worden gehangen. Er zijn ook klanten die niet de minste gêne kennen en die oogsten bij ons de grootste bewondering. Zoals de jonge vrouw die luid en duidelijk in een stampvolle boekhandel naar *Het perfecte orgasme* vraagt. En op de vraag van mijn collega, 'Hebt u het meteen nodig

of kan ik het ook bestellen?' zonder blikken of blozen aangeeft dat ze het meteen wil hebben.
Of de wethouder die van zijn secretaresse het boek *Speechen als Obama* moest ophalen. Het lukt me nog net het bedrag in te toetsen, het geld in de lade te leggen en hem het boek te overhandigen. Maar dan moet ik echt hollen naar de achterkamer om even flink uit te proesten.
En natuurlijk de klanten die vaak en veel boeken kopen, maar van wie je ook weet dat het geld hen niet op de rug groeit en dat hun boekenplanken waarschijnlijk al doorbuigen. Die moet je soms gewoon nee verkopen of in elk geval temperen. Zoals een goede waard die inschat wanneer zijn stamgast genoeg heeft gehad en hem niet meer bijschenkt. 'Lees eerst maar eens uit wat er op je nachtkastje ligt en kom dan maar weer terug.'
Er komen ook vaak oude vrienden in de winkel, die hun verrassingsbezoek aangrijpen om boeken te kopen. Natuurlijk is dat om blij van te worden, ook al is het onwennig om tegen een vriend te zeggen: 'Dat is dan 56,50. Wil je er een tasje bij?'
Het is zeker geen uitzondering dat mensen die mij in de boekhandel opzoeken vergeten dat ik dan aan het werk ben. Bij binnenkomst roepen ze luid: 'Hoi hoi!' en staan verbaasd te kijken, omdat ik niet meteen klaarsta om de nieuwste relatieperikelen aan te horen. Als ineens de moeder van mijn ex bij de draaizuil van Diogenes staat en met tranen in de ogen zegt: 'Het is zo lang geleden, ik wilde je zien' (onze laatste ontmoeting was inderdaad elf jaar geleden), denk ik stilletjes dat je beter lerares of bondspresi-

dent of ambtenaar kunt zijn, dan word je in elk geval niet op je werkplek overvallen.

De thriller waar ik voor de grap met de Berlijnse journalist aan was begonnen is na lange, intensieve arbeid echt tot stand gekomen. Geen idee wanneer ik dat heb gedaan. 's Avonds, 's nachts, in het weekend en in de vakantie, en wanneer ik maar in de trein zat. Het manuscript telt meer dan 300 pagina's. We gaan er nog een weekend samen aan zitten en werken het bladzijde voor bladzijde door. We laten het vloeiender in elkaar overlopen en herschrijven aansluitende gedeelten. En nu? Er zijn twee mogelijkheden. Je kunt zeggen dat het een leuke vingeroefening en een interessant experiment was en stopt het in een bureaula. Of je schrijft een exposé en probeert een uitgever te vinden. Ik besluit tot het laatste, waarop de journalist eruit gooit: 'Ik zet mijn naam er niet in! Ik ben literatuurrecensent, iedereen kent mij, ik ben niet van plan mezelf voor schut te zetten!' Ik ben maar de boekverkoopster in ons duo en ik heb niets te verliezen, dus ik ga op uitgeversjacht. Wat inhoudt dat ik een paar mensen bel en vraag of ze ernaar willen kijken, waarna ik de eerste drie hoofdstukken en het exposé opstuur. Ik bel er niet achteraan, ik stuur geen herinneringse-mail. Daar heb ik gewoon geen tijd voor. Ik informeer alleen op de Frankfurter Buchmesse of ze de zending ontvangen hebben, die ik min of meer in het wilde weg als een zogenaamd ongevraagd ingezonden manuscript 't.a.v. de redactie' heb opgestuurd.

Een Oostenrijkse uitgever die ik al lang ken belt me op om me te vertellen dat hij de tekst heel aardig vindt, maar zich er ook een beetje aan ergerde. 'Het staat vol clichés, snap je. Daar moet je nog wat aan doen.' Graag zelfs, daarom zoeken we ook een uitgever met een goede redactie, maar wat bedoelt hij met clichés? 'Beste mevrouw, het is een thriller. En een verhaal waarin heel bewust met de clichés tussen Duitsland en Oostenrijk wordt gespeeld.'
Ik accepteer graag kritiek op onze tekst, ervan overtuigd dat er crimineeltechnische fouten in zitten die ons niet meer opvallen. Maar die clichés wilden we en die zijn niet slecht. 'Heb je Donna Leon wel eens gelezen? Hoezo Venetiëclichés? Doet dat een bel rinkelen? Maar wel heel succesvol, nietwaar? Ik vind het juist verrijkend.'

Wenen is cultureel een belangrijke stad en daarom moeten we eigenlijk een eigen Buchmesse hebben. Geen kleine expo, maar een echte beurs, in het Beursgebouw, met stands van uitgeverijen en een grote boekwinkel waar de aangeboden boeken meteen kunnen worden aangekocht. En daar mogen wij natuurlijk niet ontbreken. Met verschillende andere boekwinkels vormen wij vier dagen lang een mega beursboekhandel. Ik zit op drie paletten op de vuile beursvloer en probeer de juiste boeken bij de stapel prijskaartjes in mijn hand te vinden als mijn gsm gaat. Onbekend nummer, een kengetal dat ik niet kan thuisbrengen.
'Goeiedag. Mijn naam is S. Ik wil graag met u spreken over uw manuscript.'
'Ja?'

'Eigenlijk wil ik er niet over spreken, ik wil zeggen dat wij het willen uitgeven.'
'Wat bijzonder. Wie bent u?'
'Uitgeverij Diogenes. Hebt u daar weleens van gehoord? Ik ben een van de directieleden.'
Ik sta langzaam op, kijk voorzichtig om me heen en verwacht elk moment een van de collega's lachend met mobieltje aan het oor om de hoek te zien komen. Zoals in een programma met verborgen camera, maar dan hopelijk zonder camera. De stem aan de andere kant van de lijn babbelt opgewekt verder, zegt iets over een voorschot en een contract en dat het daarmee rond is. Als hij heeft opgehangen moet ik eerst even gaan zitten. Ik moet die Berlijner bellen, maar eerst even op adem komen.
'Ik ben zojuist gebeld door uitgeverij Diogenes! Ze willen ons boek uitgeven!'
'Ik kan mezelf wel voor de gek houden, daar heb ik jou niet voor nodig', luidt het commentaar uit Berlijn, en ik weet meteen weer waarom ik samen met hem een boek heb geschreven.

Het voorschot wordt op mijn rekening bijgeschreven, de redactrice werkt het manuscript nog een keer grondig door, en dan vliegen we naar Zürich. Voor een redactievergadering! Ik verblijf in hetzelfde hotel waar de andere auteurs van Diogenes de laatste jaren hebben gelogeerd, ik sta aan de balie waar Loriot al gekheid maakte, en misschien heeft Anthony McCarten wel aan dezelfde wastafel zijn tanden staan poetsen. Ik bel met de senior uitgever,

hij complimenteert ons met onze tekst en ik krijg tranen in mijn ogen. Want ik ben boekhandelaar! Een boekverkoopster die ontelbare boeken van uitgeverij Diogenes over de toonbank heeft geschoven. En nu ben ik auteur bij deze uitgeverij!
Het duurt driekwart jaar voor het boek van de pers rolt en dat lijkt wel een eeuwigheid. Negen maanden waarin er geen ochtend voorbij gaat zonder dat ik onder de douche sta te zingen: 'Hey, je hebt een boek geschreven, in elk geval een half boek. En het komt uit bij een grote commerciele uitgeverij.'
Midden in de kerstdrukte arriveert er een doos met aanbiedingsbrochures en voorafdrukken uit de voorjaarsaanbieding. Ons boek is erbij. In de catalogus heeft het twee bladzijden gekregen en het lijkt alsof ik een onbekende vrouw in de ogen kijk. Maar het is echt mijn foto en mijn eerste boek. En weer pluk ik de vruchten van het feit dat Oostenrijk een klein land is waar iedereen iedereen kent. In bijna alle belangrijke media wordt aandacht geschonken aan de 'Wenen-Berlijn thriller', over het schrijversduo dat op duizend kilometer afstand van elkaar opereert, over de boekhandelaar die nu zelf een boek geschreven heeft. De collega's in de boekenbranche stellen zich solidair op en geven het pocketboek een prominente plaats op de tafel met nieuwe uitgaven of in de etalage. Onze vaste klanten kopen het, of ze nu van thrillers houden of niet, en er blijven mensen in de winkel komen die vragen naar het boek dat in 'hun firma' geschreven is. Ik vind het wel grappig om beide zijden van de keten mee te maken: schrijven –

inkopen – uitpakken – inruimen – incasseren – signeren – als cadeau inpakken. Dat heeft wel wat.

Een vrouw snuffelt een poos in haar eentje tussen de thrillers en komt dan met drie exemplaren naar de kassa. Ze wijst op mijn boek en vraagt: 'Is die goed?'

'Hm, ja.'

'Nou, is er wat aan of niet?' Ze klinkt een beetje verstoord, waarschijnlijk heeft iemand haar getipt dat je bij ons uitgebreid geadviseerd wordt, en had ze meer verwacht dan ik nu teruggeef.

'Tsja, ik heb hem zelf geschreven dus ik kan moeilijk zeggen dat hij niets aan is.'

'Wat, hebt u deze geschreven?'

Ik wijs naar mijn naam en zij schudt ongelovig haar hoofd.

En o ja, die klant die met een hele stapel boeken bij de kassa komt. Onderop zeker drie exemplaren van mijn thriller en ik vraag werktuiglijk: 'Wilt u deze gesigneerd hebben?'

'Wat wilt u signeren?'

Oh my God, wat pijnlijk! Achter mijn rug hoor ik de collega's grinniken en ik kan wel door de grond gaan van schaamte.

'Neem me alstublieft niet kwalijk, maar deze heb ik geschreven en de meeste klanten willen dan graag dat ik het signeer. Maar geen enkel probleem, vergeet het alstublieft!'

'Wat hebt u geschreven?'

'O, dat boek daar. Ik dacht dat u dat wist, omdat u er meteen drie van neemt.'

'Nee, het ziet er gewoon goed uit en ik heb veel Duitse

vrienden voor wie het een leuk cadeau is.' Ik bied nooit meer aan om te signeren. Nooit meer.
Inmiddels is ook dat routine geworden en het derde boek is al niet meer zo opwindend als het eerste. Ook de klanten zijn eraan gewend. Toch blijft het leuk als ik opvang dat er nu al wordt uitgekeken naar de volgende aflevering van het thrillerduo. Als ik in de zomer een keer buiten de ramen van de etalage sta te zemen komt er een oudere heer langs en vraagt: 'Wanneer verschijnt het nieuwe boek van uw cheffin?'
'Dat weet ik niet precies, eind augustus geloof ik.'

Niemand die op de Buchmesse nog vraagt of ik hier 'privé' ben, want ik behoor nu tot de auteurs en als zodanig is het kennelijk normaal om naar de beurs te gaan. Behalve dat je als auteur op zo'n beurs je tijd verdoet, tenzij je Paul Auster of Arnold Schwarzenegger heet. Het is volslagen onzin om als schrijver naar de beurs te gaan als je hele agenda niet volstaat met afspraken voor interviews of voorleespresentaties. En dat is beslist niet het geval als je een thrillerserie in een pocketuitgave produceert. Je bent niet op zoek naar een uitgever voor je manuscript en je weet dat de verantwoordelijke redacteur geen tijd heeft om met jou van gedachten te wisselen over nog niet uitgebroede eieren. Dus ga ik in de praktijk weer 'privé' als boekhandelaar naar de beurs, in ieder geval zolang ik geen internationaal bekende bestsellerauteur ben. Voordeel is weer dat ik in alle rust kan ontbijten met mijn man en niet als een razende tussen de beurshallen op en neer hol.

En we zijn nog net zo gek als altijd op die beursdagen. We rijden er samen naartoe, gaan naar dezelfde recepties en genieten allebei als we wederzijdse kennissen ontmoeten. Dit is onze gemeenschappelijke wereld, waar we het allemaal voor gedaan hebben, en als iemand ons vraagt of het niet lastig is om samen te werken, krijgen wij de neiging onze schouders op te halen. Nee, het is totaal niet lastig, en als het al zo was, zouden wij dat niet laten merken. Wij zijn namelijk het droompaar van de Oostenrijkse boekenbranche en meestal is het ook achter de coulissen dik in orde.

Terwijl ik in ons imperium de buitendienst bekleed, doet Oliver de binnendienst, waar uiteraard ook de financiën en logistiek bij horen, lees: gloeilampen verwisselen, inktpatronen vervangen, in de winter sneeuw schuiven. Er gaan veel dagen voorbij dat hij alleen contact heeft met onze fiscalist, met wie hij in de laatste tien jaar een – voor zijn doen – vriendschappelijke relatie heeft opgebouwd. Het is bijna zonderling om te ervaren wat een heksenketel het is in de boekwinkel, waar de medewerksters en ik heen en weer hollen tussen klanten en telefoon, terwijl een verdieping hoger mijn man aan zijn bureau zit, naar het beeldscherm tuurt en ondertussen eindeloze luisterboeken met teksten van Thomas Mann verslindt. Wat een leven. Ik bedoel, wij lopen ons de benen uit het lijf en hij heeft het heerlijk rustig. Maar ik zou natuurlijk voor geen goud willen ruilen, deze verdeling is tenslotte geen toeval. We doen alle twee waar we goed in zijn. Ik kan goed praten en slecht rekenen, hij kan goed analyseren en minder goed communiceren. Ik praat graag te veel en hij te weinig. Ik kan helemaal uit mijn dak gaan van enthousiasme over boeken, contacten, omzetcijfers, en daar in superlatieven over uitwijden, terwijl hij een afgemeten 'niet slecht' over zijn lippen perst. Ons personeel is er ook aan gewend dat hij niet altijd 'goedemorgen' zegt als hij je die dag nog niet gezien had, maar dat maakt hij goed door iedereen wel een paar keer per dag verse koffie te brengen (naar wens met opgeschuimde melk), hij zorgt dat er bier klaarstaat tijdens stafbesprekingen en maakt vegetarische linzensoep. Hoewel wij constant op elkaars lip zitten lukt het niet altijd om alles af te stemmen wat er speelt. Onze personeelsleden hebben dat ook ontdekt en gebruiken inmiddels dezelfde tactiek als een puberend kind. 'Kan ik maandag vrij krijgen?'

'Vraag maar aan Oliver.'

'Die zegt dat ik het aan jou moet vragen.'

Als ik Eva terechtwijs over iets wat mijn man haar een uur geleden al had opgedragen, kijkt ze mij met grote ogen aan en vraagt: 'Stel dat jullie zouden gaan scheiden? Moeten wij dan kiezen tussen jullie?'

Dat is een retorische vraag, want onze boekhandel zal altijd alleen ons gezamenlijke project zijn.

Natuurlijk gaat het wel eens door me heen dat mijn man er in zijn midlifecrisis met een lieftallige klant, nee, medewerkster, nee, collega, nee, accountmanager, nee ... vandoor zou kunnen gaan, en als dat gebeurt, is ook de boekhandel geschiedenis. We zijn dit samen begonnen en zullen het ook samen tot een einde brengen en dat duurt waarschijnlijk langer dan we aanvankelijk gedroomd hebben, want met de rente gaat het niet de goede kant op. We zullen hier dus samen oud worden en er zijn zeker slechtere plekken om samen oud te worden dan onze boekhandel. Alleen op de ladder kan het op den duur problemen geven, en die weken van zestig uur in het kerstseizoen moeten we op de een of andere manier ook oplossen. Ik weet nu al zeker dat ik daar op mijn tachtigste niets meer aan vind.

In wijk 9 staat een beeldschone boekhandel die de afgelopen jaren verschillende keren in andere handen is overgegaan. Telkens als we erlangs lopen of er met de tram voorbij rijden kijken we naar binnen. Grote ramen, een houten vloer, boekenschappen tot aan het plafond, weinig boeken, weinig licht, slecht ingedeeld.

'Wij willen geen tweede boekhandel hè?'

'Nee, wij willen geen tweede boekhandel.'

'Ik eigenlijk ook niet, maar deze is zo mooi. En hij ligt zo dicht bij de Strudlhof-trap.'

Aha. Daar komt de aap uit de mouw. Mijn man aast op een kans om elke dag over de Strudlhof-trap te flaneren. Onder werktijd.

De boekwinkel is inderdaad prachtig, maar er zijn een paar probleempjes. Hij is niet te koop, wij hebben geen geld en bovendien is hij veel te groot.

Op een regenachtige zondagmiddag in het voorjaar komt Oliver op het idee via een stroman te achterhalen of de huidige eigenaar aan verkopen denkt. Dat is net iets voor mijn zwager in Tirol. Hij is bedrijfsadviseur en heeft niet dezelfde naam als wij, dus niemand heeft door dat wij er-

achter zitten. En vragen staat vrij. Wij bellen hem op, mijn zwager is er wel voor te porren en wij spreken af hem de komende week naam- en adresgegevens te sturen. Hij zal een brief opstellen.
Drie dagen later. Een lezing in onze boekhandel. Weer een bevriende accountmanager. Die neemt mij na het officiële gedeelte met een samenzweerderige knipoog apart. 'Willen jullie eigenlijk een tweede boekhandel?'
'Nee. Hoezo?'
'Die in wijk 9, die mooie weet je wel. Is te koop.'
Oké, geen omwegen dus. We bellen de eigenaar, die zeker weet dat zijn zaak veel beter bij ons bedrijfsconcept past dan het zijne. Ons bedrijfsconcept; hoe ziet dat eruit? Veel boeken op weinig ruimte, veel medewerkers die elk individueel boek actief verkopen. Zijn concept is eerder het tegenovergestelde. Weinig boeken, alleen bestsellers en die in overzichtelijke stapels, slechts één medewerker. Waarschijnlijk verdient hij daar geld mee, maar zo werkt het niet in alle stadswijken. Een boekhandel moet vol zijn: vol met mensen en vol met enthousiaste medewerkers. Daar verdien je wel minder mee, maar het is prachtig. En je hebt veel meer lol!
We worden het snel eens, maar we kopen de winkel alleen onder één ontbindende voorwaarde: Robert, de bouwtechnicus, moet tijd hebben voor de verbouwing. Hij heeft genoeg aan één bezichtiging en natuurlijk heeft hij tijd. Oliver gaat deze keer alleen naar de bank. Geld lenen is inmiddels routine. Op een dinsdag om negen uur vindt de sleuteloverdracht plaats, om half tien staat de bouwploeg

voor de deur: de monteur uit Karinthië, de timmerman uit Stiermarken, de elektricien uit voormalig Joegoslavië. Terwijl de vorige eigenaar nog bezig is de laatste lampen en meubelstukken naar buiten te dragen wordt de vloerbedekking al weggetrokken en begint de elektricien kabels te leggen.

Omdat we het ruwe werk met een gerust hart aan de meester kunnen overlaten buigen wij ons over een bedrijfsconcept. Deze boekhandel is tenslotte twee keer zo groot als de eerste. Wat willen we hier verkopen, wie gaan er werken, hoeveel medewerkers zijn er nodig? En waar komen die vandaan?

In Wenen woont een heel sympathieke collega, Silvia, een Italiaanse. Ik weet niet veel van haar, alleen dat ze graag op recepties en etentjes van en voor boekhandelaars komt. Zo hebben we haar ontmoet. Een jaar geleden heeft ze haar droom met ons gedeeld: ze wil een Italiaanse boekhandel openen in Wenen. Met een vriendin. Het tweetal heeft een paar locaties bekeken, ze hebben ook wat met cijfers gegoocheld, maar hoe ze het moeten aanpakken weten ze nog niet.

Een telefoontje is voldoende, ik laat de magische woorden 'nieuwe boekwinkel', 'Italiaanse afdeling' en 'full time' vallen en ze is aan boord.

Dan schiet opeens een vriend in mijn gedachten die ik al een eeuwigheid ken en die een stevige vinger heeft in alles wat in Wenen ook maar in de verte een raakvlak met literatuur heeft. Hij is opgewekt en een beetje vermoeiend, en hij heeft een evenwichtige vrouw die boekverkoopster is. Sinds de laatste winkel waar ze heeft gewerkt zijn deuren dichtdeed zit ze zonder baan, want ze is boven de vijftig en dan 'ziet het er hopeloos uit'. Ook zij zegt meteen toe.

Op loopafstand van de nieuwe standplaats bevindt zich al tientallen jaren een Franse boekhandel en nu horen we van iemand dat die dichtgaat.
Hij ligt pal naast het *Lycée Français de Vienne*, weggestopt in een bijgebouw dat bij een school hoort. Ik was er nog nooit binnen geweest. We hebben een ontmoeting met de oude boekhandelaar, die met grijze baard en een vermoeide trek op zijn gezicht in zijn reeds half leeggeruimde winkel Gauloises zit te roken en zwarte koffie drinkt. Hij ziet eruit alsof hij bij Sartre en Camus in de leer is geweest en waarschijnlijk is dat ook zo. Het gebouw waar zijn winkel is gehuisvest wordt verbouwd, hij moet eruit en bovendien heeft hij de pensioengerechtigde leeftijd bereikt. Onze nieuwe boekhandel is met directe ingang de dichtstbijzijnde in de omgeving van de Franse school, en Frans en Italiaans, dat gaat toch prima samen? We kopen een paar dozen uit zijn voorraad op, de boeken ruiken naar sigarettenrook en hebben een overwegend filosofische inslag. De oude boekhandelaar komt pas echt op dreef als hij begint te vertellen hoe moeilijk de Franse boekenmarkt is, hoe onbetrouwbaar de scholieren van het Lyceum zijn, hoe veeleisend de Franse klanten en dat het ons sowieso niet gaat lukken om boeken uit Frankrijk te importeren. Dat is namelijk lang niet zo gemakkelijk als uit het Duitse taal-

gebied, de afwikkeling verloopt moeizaam, de levertijden zijn lang en de verzendkosten gigantisch. Dat prikkelt ons alleen maar en we besluiten snel om naast de Italiaanse afdeling ook een Franse te beginnen.

Silvia heeft toevallig een vriendin, een boekhandelaar, die romanistiek gestudeerd heeft en vloeiend Frans spreekt. Ze werkt helaas in een kleine boekhandel waar ze het enorm naar haar zin heeft, en bovendien is ze net een wereldreis aan het maken, wat wil zeggen dat we haar niet kunnen uitnodigen om haar ervan te overtuigen dat ze na de zomer bij ons moet komen werken en dat wij echt de allerbeste chefs van Wenen zijn. Silvia neemt per e-mail contact met haar op en na terugkomst zit de Franssprekende boekverkoopster tegenover ons aan de keukentafel. We doen haar een functievoorstel. Ze reageert niet uitbundig, wil niet meteen beslissen en vraagt bedenktijd. Dat weekend voelen we ons toch wel zenuwachtig. Bij iedere boekhandel met een serieus te nemen Franse afdeling hoort een Franssprekende boekverkoopster. Die zijn niet dik gezaaid en een plan B hebben we niet. Twee dagen later belt ze ons op. Ze doet het.

En dan is die Française er nog, die al langere tijd geleden bij ons gesolliciteerd heeft. Een echte. Ik herinner me haar nog precies en werk een dikke map met personeelsdingen door. Franse naam, aantrekkelijke foto, een stewardess met zwangerschapsverlof die liever boekverkoopster wilde worden. Ik bel haar en vraag of ze op gesprek wil komen. Ze is sympathiek en heeft een wonderschoon accent. Op de vraag hoe ze haar werk denkt te combineren met haar nog heel jonge kinderen zegt ze kort maar krachtig: 'Pas de problème. Ik ben Française.' Binnen tien minuten is de baan voor haar. Ze is geen boekhandelaar. Ze is wel Française. De rest pikt ze wel op.

Het team begint uiterst gemotiveerd. Terwijl de bouwvakkers zich uit de naad werken worden Franse en Italiaanse catalogi gespeld, de natives plegen talloze telefoontjes om een netwerk aan te leggen en uit te vinden hoe je boeken uit Italië en Frankrijk in Oostenrijk krijgt. Hoe moeilijk kan dat zijn, vraag ik me af, al deze landen zijn toch lid van de EU. Dat klopt. Maar het kost veel tijd, en duur is het ook. Twee tot drie weken van Frankrijk naar Oostenrijk, bij spoedleveringen worden de verzendkosten hoger dan de boekwaarde. Maar ze zitten erbovenop, bestellen de nieuwe uitgaven en belangrijke titels van oudere lijsten en als ik *Die kleine Raupe Nimmersatt* en *Die Omama im Apfelbaum* in het Italiaans vasthoud, ben ik machtig trots op mijn internationale boekhandel. *Het kleine Draakje Kokosnoot* heet bij ons *Nocedicocco* en Daniel Glattauer heeft een roman geschreven met de klinkende titel *Quand souffle le vent du nord.*

Dan komen ze. De eerste klanten spreken daadwerkelijk Frans, ik waag in mijn beste schoolfrans *Bonjour, Merci* en *Voulez-vous un sac?*' en ben blij dat mijn lerares Frans niet in de buurt is.

De Italië minnende Oostenrijkers zijn ook weg van de winkel, niet alleen om de Italiaanse boeken, maar ook om Silvia, die blij is met elk Italiaans woord dat ze kan wisselen. Waar in Wenen kun je anders iets met je Volksuniver-

siteits-Italiaans? Alleen bij de ijssalon, maar nu dus ook bij ons.
Dankzij de vakanties in Bibione in mijn kindertijd spreek ik een mondjevol Italiaans, in tegenstelling tot Oliver, die op de boerderij in Allgäu vakantie vierde. 'Hoe zeg je: de Italiaanse collega is er morgen weer?' Hij ziet al helemaal voor zich hoe hij met de mond vol tanden staat als er iemand opbelt die hij niet kan verstaan.
'Dat is niet moeilijk! Silvia domani!' Terwijl ze quasi een hoorn op de haak legt schrijft ze het op en zet er een dikke streep onder.
Ik werk eens per week in de nieuwe winkel. Het voelt haast als een dagje vakantie. Om te beginnen zijn de vier werknemers gewend zich zonder mij te redden en vinden het alleen maar leuk als ik er ben. Ik kan dus gerust onze hond Gassi meenemen, met vrienden babbelen, gaan lunchen. In de tweede plaats draagt ook het geroezemoes in vreemde talen bij aan het vakantiegevoel. De Franse collega vertelt in een halsbrekend tempo in haar moedertaal over haar favoriete stripboeken. Silvia belt in alle toonaarden met Brescia over een bestelling die er allang had moeten zijn, en de scholieren van het lyceum mompelen de titels van de boeken die ze van Madame Pressard hebben opgekregen om te lezen.
Deze tweede boekhandel dwingt ons het elektronische administratiesysteem uit te breiden. In de praktijk blijkt wat er nodig is. Een notebook met cd-drive voor de maandelijkse cd met indexen van leverbare boeken, een internetaansluiting om te kunnen surfen en digitaal bestellingen

te plaatsen. Kort daarna laten we een tweede laptop aanrukken, die niet veel later gestolen wordt; midden op de dag, in een winkel vol met mensen. Gewoon van de kabel getrokken en meegenomen.
We hebben inmiddels een indrukwekkend netwerk met in totaal elf computers. Ik kan overal inloggen, of ik nu in een van de beide winkels, thuis of in het vakantiehuis ben. Er is een zogenoemde tunnel met een ingewikkeld wachtwoord en als die open is, kan ik op elke locatie overal bij. In het ideale geval. Wat het niet altijd is. Als je met zo'n netwerk opereert heb je ook iemand nodig die dat beheert, want Oliver en ik kunnen niet veel meer dan het systeem opstarten en afsluiten. De stekker eruit trekken en een koude start forceren lukt ook nog net.
Daarom hebben wij al jaren Max in de ploeg en sinds kort ook Max-Peter. Max was ooit de buurman van onze vrienden de radiologen, die voor ze naar het kleine huis op de Schafberg verhuisden in een enorm complex aan de Donau woonden. Daar raakten ze goed bevriend met het gezin naast hen. De heer des huizes van dit buurgezin, Max, heeft iets met computers. Veel zelfs. Als echte nerd spreekt hij weinig en als hij zijn mond opendoet, komt er onbegrijpelijke taal uit zoals HSDPA, Switch, CPU en dat soort dingen. Hij is systeembeheerder bij een grote bank, maar zijn ware passie is ons kleine bedrijfje met een gecompliceerd computersysteem uitrusten. Zijn ogen beginnen te glimmen als hij ons uitlegt waarom wij welk nieuw apparaat nodig hebben en hoe handig het zou zijn als we dit of dat zouden aanschaffen, aansluiten, upgraden. Als we

hem groen licht geven vraagt hij in heel Oostenrijk prijzen op, vergelijkt offertes en rekent ons voor waarom hij welk onderdeel bestelt. Of hij sleutelt uit losse onderdelen die hij toevallig in huis heeft iets nieuws in elkaar. En als er iets hapert bellen we hem op, hij heeft meteen tijd en probeert op gedempte toon uit te vinden wat het probleem is. Wat wij hem niet eenvoudig maken, want meestal weet ik niet meer aan te dragen dan: 'Eva heeft geen internet meer' of 'het beeldscherm ziet er raar uit'. Ik ben er bijna zeker van dat hij op zijn werkplek bij de bank onder zijn bureau in een geheime tussenruimte een schaduwsysteem van onze elektronische huishouding heeft waarmee hij op afstand EHBO kan toepassen. Zo ongeveer als die etage tussen de zevende en achtste verdieping in *Being John Malkovich*. Een parallelle wereld waar niemand weet van heeft. Hij probeert mij op alle mogelijke manieren weer in het systeem te krijgen, wat voor hem zoiets moet zijn als een blinde over Broadway leiden die hij de hele tijd vraagt om die rode deur daar te openen of dat reclamebord voor te lezen. Dat is hem meestal ook te gortig en daarom logt hij via TeamViewer op ons systeem in en doet met een onzichtbare hand in ijltempo allerlei vensters open en dicht. Als het dataverkeer blijft groeien en er steeds zwaardere eisen worden gesteld, komt er een tweede Max in het spel. De eerste Max noemt hem Max-Peter. Hij kan iets wat de eerste Max niet kan, hoewel het mij nooit was opgevallen dat zulke dingen er überhaupt waren.
Max II is nog minder spraakzaam dan Max I. Het meeste zeggen ze tegen elkaar, waarvan we af en toe een flinter be-

grijpen. Ze komen vaak 's avonds laat op ons kantoor bij elkaar en vertrekken pas als alles werkt. Dat kan met gemak twee uur 's nachts zijn. En je hebt nooit de garantie dat alles het gewoon doet als het de volgende dag weer wordt opgestart. Gelukkig zijn beide Maxen altijd bereikbaar en nee, hun telefoonnummer krijg je niet.

Hoewel het zou kunnen lijken alsof we in onze boekhandel op goed geluk duizenden boeken op de planken hebben gelegd, is onze winkel een complex en in principe zeer doordacht geheel. Welke boeken in aanzienlijke aantallen aanwezig zijn en welke niet, is geen toeval, maar onderdeel van een uitgekiende strategie. En met een tweede boekhandel kunnen we ook in die zin ons voordeel doen, dat er heen en weer geschoven kan worden als op de ene locatie van iets te weinig en op de andere van iets anders te veel is. Dan hoeft er niet onmiddellijk besteld of geretourneerd te worden. Om dit te vergemakkelijken hebben we een zo geautomatiseerd mogelijk voorraadsysteem nodig, zodat we in een oogopslag kunnen zien wat waar aanwezig is, er automatisch leverbonnen en rekeningen geproduceerd worden en de goederenstroom in de kerstdrukte gesmeerder verloopt. Zoiets hebben we dus aangeschaft. Een gaaf, nieuw product van een Duitse firma, dat het leven van de boekhandelaar een stuk makkelijker moet maken. Het is helaas zo nieuw dat wij de eerste klanten in Oostenrijk zijn, en het allemaal niet zo functioneert als wij ons hadden voorgesteld. En ook niet zoals de ontwerper het zich had voorgesteld. We worden bijgestaan door iemand

van de klantenservice, een dame die goed van wanten weet en vaak streng en onbehouwen optreedt als wij iets niet onmiddellijk snappen. We hebben haar drie dagen over de vloer gehad, ze stond vlak achter ons en we waren soms bijna bang dat we een tik op de vingers zouden krijgen wanneer die per ongeluk op het verkeerde knopje hadden geklikt.

Als ze weer vertrokken is liggen er nog bergen vragen en onopgeloste problemen. De dame is vaak onbereikbaar, dat komt natuurlijk omdat er veel anderen zijn die dit product ook gekocht hebben en eveneens vragen hebben. Maar ik verdenk haar ervan dat ze vaak gewoon niet opneemt als ze een telefoontje met het landnummer van Oostenrijk ziet binnenkomen. Het programma leeft een eigen leven en iedereen is er bang voor. Er gebeuren namelijk vreemde dingen: applicaties die vroeger vlekkeloos functioneerden zijn plotseling verdwenen. Handelingen die wij begrepen en onder de knie hadden hebben ineens onverklaarbare gevolgen.

Als onze contactpersoon niet opneemt bellen we het algemene nummer van de klantenservice (dat we inmiddels kunnen dromen) en leggen de steeds wisselende medewerkers keer op keer geduldig dezelfde problemen uit.

Het levert spanning op onder het personeel. Hoe lang kunnen we onze werknemers nog beloven dat het nieuwe programma de werkdruk echt zal verminderen? Behalve dat er problemen zijn wegens kinderziektes stellen we ook nog eens vast dat het nieuwe systeem te zwaar is voor ons trage internet. Je wordt niet vrolijk als je bij iedere bestel-

ling zo lang moet wachten tot het tabblad geopend is dat de klant in die tijd zijn complete levensverhaal heeft kunnen vertellen. De twee Maxen stellen een andere provider voor met een downloadsnelheid die zestig keer zo hoog ligt. Iets met Upload, en dan heb je ook nog een Pingwaarde; wat dat dan ook zijn mag.
Zoals ieder jaar ga ik met de dochter op skivakantie. De gebruikelijke gang van zaken is dat Oliver dan alleen in ons huisje in het Weinviertel zit om bij te komen van het kerstgewoel, de medewerkers en de familie. Dit jaar durven we dat niet aan. We kunnen niet tegelijk weg zijn en het personeel alleen laten met het nieuwe voorraadsysteem, de vele vragen, het mijnenveld. We besluiten dat ik eerst op vakantie ga en dan hij. Dan is er in elk geval steeds een van ons aanwezig, en tijdelijk een afstand tussen ons is misschien helemaal niet zo gek. Want de lontjes zijn inmiddels kort.

In het skigebied is er geen optimaal bereik, Oliver en ik proberen elkaar constant te bellen en steeds wordt de verbinding verbroken. Ik krijg alleen flarden van zinnen mee: internet, storingen, andere provider, kassa niet opgestart. Ik schuif alles van me af en stort me in de heilzame routine van een selfsupporting hostel met vijftig mensen. Wat moet je ook met internet als je twintig kilo aardappels moet schillen. Ik loop de hele week in dezelfde joggingbroek, praat met niemand over de boekenbranche in het algemeen en onze boekhandel in het bijzonder, en kakel als een op hol geslagen breimuts. Wat kan het leven mooi zijn.

Op vrijdagavond ben ik terug, de overdracht verloopt zakelijk en onromantisch bij McDonalds op het Franz-Josefs-Bahnhof. Voor Oliver zich een week lang terugtrekt informeert hij mij over de lopende problemen en de stappen die – zonder succes – zijn ondernomen om ze op te lossen.

Zaterdagochtend, negen uur. Terug in het circus. Met mijn hoofd en hart nog op zestienhonderd meter hoogte sta ik in mijn winkel en probeer de eerste klanten met behulp van ons stoere programma te bedienen. Wat blijkt? Het is niet meer alleen traag, het is zo traag dat de procedure bij elke derde handeling wordt afgebroken. Steeds opnieuw, de lieve lange dag. Het enige wat varieert zijn de foutmeldingen: *Time-out, Pagina kan niet geladen worden, Programma reageert niet.*

We produceren karrenvrachten kleine briefjes, die we in de korte flitsen dat het programma zich laat bedienen proberen te verwerken. De klanten, die we al drie weken zoet houden met excuses dat het wat langer duurt omdat we een invoerprobleem hebben, trekken inmiddels geïrriteerd hun wenkbrauwen op.

Dat weekend geniet ik van het singleleven, doe de wintersportkleren in de was, maak lange wandelingen met de hond en probeer de werkvloer met zijn computerproblematiek uit mijn hoofd te bannen. Misschien valt alles in het weekend vanzelf wel op zijn plaats.

Dat is natuurlijk ijdele hoop en ik besteed die maandag aan telefoontjes met de klantendienst van UPC, de storingslijn van de leverancier van het programma en de twee

Maxen. Ik probeer mijn man zo min mogelijk te storen, hij moet tenslotte een weekje kluizenaar kunnen zijn. De partijen verklaren alle drie om beurten dat de fout niet bij hen ligt: internet werkt prima, het voorraadsysteem ook en het interne netwerk toont geen foutmeldingen. De volgende dag klinken ze al minder overtuigd, nadat ze de hele tijd op afstand op onze computer hebben ingelogd en met eigen ogen hebben gezien dat we zo niet kunnen werken. Een van de medewerksters wil een paar dagen vrij, ze is een zenuwinzinking nabij, en natuurlijk mag ze van mij. Op woensdag heb ik om half negen mijn eerste afspraak staan: een accountmanager van S. Fischer Verlag. Ik zet het ontbijt en lunchpakket voor het kind klaar en ga om kwart over zeven in de stromende regen en het pikkedonker met de hond lopen. Als we een uur later nat en vies weer binnenkomen staat de vertegenwoordiger al voor de deur. Ik knap me snel wat op, laat hem plaatsnemen in de achterkamer en start snel de computers en de kassa op. Die zich echter helemaal niet laten opstarten. Er dansen allerlei komische monsters over het beeldscherm, ik bel de storingslijn, maar die wordt pas vanaf negen uur beantwoord. Fijn. Om negen uur gaan we open en staan de eerste klanten meestal al voor de deur te wachten. Ik probeer me de resterende twintig minuten op het programma van S. Fischer Verlag te concentreren en opeens denk ik aan Eva, die over drie minuten moet beginnen. Ik bel haar nummer, de telefoon gaat eindeloos over en op het laatst kan ik de warmte van haar dekbed bijna door de telefoonlijn ruiken. 'Wekker niet gegaan', mompelt ze, de vertegenwoordiger glimlacht geduldig en doet met mij de winkel open. Natuurlijk staan om twee minuten over negen de eerste klanten voor mijn neus, die natuurlijk iets willen kopen en natuurlijk gaat de lade van de kassa niet open. Twintig minuten later staat Eva naast me, de slaapstrepen nog op haar gezicht. Ze neemt de kassa-storingslijn-situatie over, ik bedien een paar klanten en dicteer de accountmanager tussen de bedrijven door mijn bestelling. Hij heeft discreet achter ons postgevat en schrijft maar op wat hij denkt dat wij kunnen gebruiken, want het ontgaat hem niet dat ik alleen af en toe een zijdelingse blik op de aanbiedingsbrochure werp. Dat wordt straks een spannend moment als de zending nieuwe uitgaven van Fischer binnenkomt.

Een half uur later functioneert de kassa weer, de accountmanager is vertrokken en zoals eerder lopen de pc's bij iedere derde klant vast. Ik verkoop niet één boek, bel nog maar eens met de specialisten die mij inmiddels goed kennen, en probeer hun duidelijk te maken dat we zo ons werk niet kunnen doen. Dat dit niet zomaar een computerprobleem is, maar een wezenlijke bedreiging van ons bestaan. Dat er elke dag minder klanten komen en dat het een kwestie van tijd is tot de medewerkers een voor een instorten. Er hebben al diverse huilbuien plaatsgevonden in de achterkamer.

Ik ben 's avonds net in de badkamer als de wasmachine tijdens het centrifugeren blijft hangen en bizarre geluiden produceert. Ik laat eerst mijn tranen de vrije loop voor ik de klep opendoe, de vloer dweil en de buurvrouw vraag of ik bij haar mijn was mag afmaken. De volgende dag doet de telefoon het niet, maar dat ligt aan een kapotte kabel en dat zijn kleinigheden waar wij onze hand niet meer voor omdraaien. Inmiddels ben ik overtuigd van een complot, of op zijn minst dat Amazon een Trojaans paard bij ons naar binnen heeft gesmokkeld dat ons langzaam maar zeker kapotmaakt omdat ik in de media zo lelijk over de internetgigant heb gedaan. Maar zou zijn macht zelfs tot mijn wasmachine reiken...?

Ik kom op de een of andere manier de week door. Ik praat mijn man uit zijn hoofd om zijn vakantie af te breken, hoewel ze mij inmiddels bijna bij elkaar kunnen vegen. Ik wissel constant boodschappen uit van de technicus van de klantendienst van het voorraadsysteem in Stuttgart, de storingslijn van de internet provider en de beide Maxen, ik krabbel koortsachtig allerlei vaktermen op allerlei briefjes en probeer de een te vertellen wat de ander heeft gezegd.

Als het weekend is aangebroken ga ik naar het platteland om mijn niet echt uitgeruste man op te halen. We proberen die anderhalve dag te genieten en te doen alsof alles onder controle is.

Maar wij hebben niets onder controle. Het succesverhaal van onze boekhandel heeft plotseling zware averij opgelopen en we zijn zo uitgeput dat we het liefst de handdoek in de ring zouden gooien. We zijn sinds eind november onafgebroken aan het werk en ondanks een succesvol jaar zijn we nu zo ongeveer blut, het voltallige personeel is gefrustreerd, en als het kon zouden we het opgeven. Alles. Beide boekhandels, ons huwelijk, alles wat we opgebouwd hebben. We willen alleen nog maar slapen, liefst in aparte kamers, aan één ruk doorslapen, niemand zien, behalve heel sporadisch iemand die een bord soep en een boek bij zich heeft.

Maar natuurlijk gaan we terug en natuurlijk geven we niet op. We zouden niet kunnen, we hebben twaalf mensen in dienst en een flinke schuldenlast bij de bank, en daarom proberen we de ander weer te motiveren, zijn voorkomend tegen elkaar en stropen met onze laatste krachten de mouwen weer op. Oliver repareert de wasmachine, ik probeer maandag alle pionnen in dit schaakspel duidelijk te maken dat de limiet nu echt bereikt is. En dinsdag springen ze eindelijk over hun schaduw heen en besluiten rechtstreeks met elkaar te gaan communiceren. Drie computerdeskundigen die na weken touwtrekken op het idee komen gezamenlijk een probleem op te lossen door te praten. Door gemeenschappelijke interactie. Een revolutie. Ze moeten gemerkt hebben dat wij het echt niet meer trekken. Dat de maat vol is en dat ze nu heus naar ongebruikelijke middelen moeten grijpen: het gesprek met elkaar aangaan. Er wordt een conference call georganiseerd, ze loggen overal vandaan in op ons systeem en proberen drie uur lang van alles en nog wat. Hier een vinkje erbij, daar eentje weg, ze brengen elkaar op ideeën, en even voor zessen zegt de dienstdoende Max: 'Je kunt me in de armen vallen. We hebben de oplossing.' Het klinkt uitgeput en niet overtuigd. Dit is niet de eerste keer dat ze denken dat ze eruit zijn. Ik pieker er ook niet over hem in de armen te vallen, want ik geloof ook nog niet dat de goede afloop een feit is.

We proberen de hele avond allerlei procedures uit, bestellen in het wilde weg voor fictieve klanten, maken ellenlange gemerkte lijsten waardoor het systeem normaal gesproken zou crashen, maar het werkt. Het werkt ook de volgende ochtend, middag en avond nog. Het loopt als een trein en breekt niet af, en plotseling is alles weer goed. We gaan weer met plezier naar ons werk, we wrijven ons in de handen als de deur opengaat en er een klant binnenkomt en krimpen niet meer angstvallig in elkaar, zoals de laatste paar weken. De medewerkers zijn weer relaxt en kunnen zich focussen op wat ze het liefste doen en het beste kunnen: verhalen vertellen, met de klanten babbelen, cadeautjes inpakken en vrolijk zijn.
Oliver en ik hebben het overleefd. We zijn niet gescheiden. We praten nog met elkaar en slapen in hetzelfde bed. Er zijn wel een paar krasjes overgebleven die ons eraan herinneren dat ook wij niet onkwetsbaar zijn, dat we van heel banale dingen volledig uit het lood geslagen kunnen worden. We hadden dit waarschijnlijk hard nodig om weer te kunnen genieten van de tijd die voor ons ligt. Want eigenlijk hebben we een heel cool leven.

In de zomer, als de dagomzetten een stuk minder zijn, zitten Oliver en ik op ons houten bankje achter het huisje in het Weinviertel. We drinken wijn, staren naar de sterren en proberen ons voor te stellen dat het op een gegeven moment niet meer zo goed loopt. We kunnen ook hier gaan wonen, het huis is over een paar jaar tenslotte afbetaald. We zouden het weer met z'n tweeën kunnen runnen, alleen geholpen door een stagiaire. Zoals we het oorspronkelijk eigenlijk bedacht hadden. Maar dat voelt niet goed. Ik heb behoefte aan de soesa, de mensen, mijn huis in de stad, en zonder mijn team zou ik er niets meer aan vinden. We hebben inmiddels twaalf werknemers met zes verschillende nationaliteiten tussen de eenentwintig en zesenvijftig jaar oud. Samen hebben we tien kinderen, waarvan er gelukkig al drie volwassen zijn met alle gunstige gevolgen van dien voor de vakantieopvang. Hun biografieën zijn zo verschillend als hun beweegredenen om boekverkoopsters te worden. De enige overeenkomst is een zekere mate van gestoordheid; een bezetenheid van boeken, die je alleen kunt volgen als je daar zelf ook mee behept bent.
Ik word de laatste tijd steeds vaker uitgenodigd om te spre-

ken op bijeenkomsten binnen de branche. Als je in een tijdsbestek van tien jaar twee kleine boekhandels opent en dat hebt overleefd, is er sprake van een succesverhaal. En wanneer je als boekhandelaarster wat vaker je mond opendoet en stelling neemt, staat je telefoonnummer al snel in allerlei bestanden. De thema's hebben veel raakvlakken. *Is er toekomst voor het boek? Zullen er in de toekomst nog boekhandels zijn?*
Wat zal ik daarop zeggen. Natuurlijk heeft het boek toekomst en natuurlijk zullen er altijd boekhandels zijn. Iets anders kan ik er niet van maken. Alsof je een boer met een stal vol melkkoeien vraagt of hij meent dat er in de toekomst nog melk of chocola geconsumeerd zal worden. Er zit niets anders op dan dat te geloven. Dat geldt zowel voor de boer als de boekhandelaar. Of ze daar over tien jaar nog van kunnen leven is de vraag, maar dat zijn dingen waar wij nauwelijks invloed op hebben. We kunnen het rad van de tijd niet terugdraaien en het is paradoxaal maar waar dat ons succesrecept vooral inhoudt dat we de klanten voorspiegelen dat het in onze winkel 'net als vroeger' is. Veel boeken op een kleine oppervlakte, volle boekenplanken tot aan het plafond, gemotiveerde medewerkers die in hun vrije tijd niets anders doen dan lezen. Net als vroeger dus. Het is in elk geval allang niet meer voldoende om een goede boekverkoper te zijn. Je moet van allerlei markten thuis zijn: marketing, personeelszaken, administratie, webdesign, evenementenorganisatie. En je moet grafisch vormgever, inpakkunstenaar, psycholoog zijn. En deze rijtjes zijn nog lang niet compleet.

En dat is ook precies wat ons beweegt om door te gaan. Iets anders is ronduit saai. We gaan door in tijden dat er van anachronistische winkels als de onze elke week wel ergens wordt gezegd dat ze ten dode opgeschreven zijn. We gaan door omdat het de enige optie is. Omdat er niets is wat we beter kunnen. Omdat er niet is wat we liever doen.